# French
# Language
# Patterns

*To our families*

# French Language Patterns

**B. J. GOODMAN-STEPHENS**
Adviser for Modern Languages, East Sussex
and
**P. E. GOODMAN-STEPHENS**

Nelson

Thomas Nelson and Sons Ltd
Nelson House   Mayfield Road
Walton-on-Thames   Surrey
KT12 5PL   UK

51 York Place
Edinburgh
EH1 3JD   UK

Thomas Nelson (Hong Kong) Ltd
Toppan Building 10/F
22A Westlands Road
Quarry Bay   Hong Kong

Thomas Nelson Australia
102 Dodds Street
South Melbourne   Victoria 3205
Australia

Nelson Canada
1120 Birchmount Road
Scarborough   Ontario
M1K 5G4 Canada

First published by E J Arnold and Son Ltd 1982
ISBN 0 08-025003-3

This edition published by Thomas Nelson and Sons Ltd 1991
ISBN 0-17-439452-7
NPN 9 8 7 6 5 4 3 2

Printed in Hong Kong.

# Contents

# Introduction

*French Language Patterns* is a new concept in grammar presentation which guides pupils to achieve competent, active control of an essential core of language. Basic structures are clearly set out under seven concrete headings, which highlight linguistic patterns and semantic groupings. These seven headings (Who and What, Description, Where, When, How, Questions, Verbs) enable pupils to use the book as an easy reference source and to see French grammar as a manageable set of related structures.

Grammar is further simplified by being presented graphically, thereby making it possible for pupils to generate their own correct French almost immediately. Little use is made of written rules accompanied by lists of exceptions, which succeed only in bewildering most pupils.

The verb section is designed to make assimilation of even this difficult aspect of French possible. It is divided into six parts each of which covers all major tenses from the point of view of one person only. This makes reference easy, decreases the memory load and emphasizes similarities and patterns which are not obvious when verbs are set out in the traditional six-person conjugation.

The vocabulary and structures have been carefully selected to meet the needs of pupils preparing for 16+ examinations and a comprehensive vocabulary list is included. There is a separate list of verbs given in the infinitive with their meanings.

In addition to presenting grammar clearly and succinctly, the book provides extensive practice material for each grammatical pattern. This is carefully graded in difficulty, so that pupils may make 'step by step' progress and meet with continual success. There are also seven tests (one for each heading) which can be used either for initial diagnosis or further consolidation.

Although the book is primarily designed for fourth- and fifth-year classes, it can also be used selectively with younger pupils. It is intended for class, group or individual use for a variety of purposes, including revision after a point has been taught, global practice to check progress over a term and remedial reinforcement. Furthermore, some teachers may choose to structure their teaching to draw upon the clear groupings presented in the text.

*French Language Patterns* aims primarily to improve written and spoken accuracy, but this will naturally have a positive influence on receptive skills.

# Acknowledgements

The authors would like to thank the following for their
professional advice: Derek Drew, Area Adviser for Modern Languages,
East Sussex; Dorothy Elkins, teacher of French; Gladys Gilles,
County Adviser for Modern Languages (retired), East Sussex;
Joyce Sibly, Head of Modern Languages (retired), The Earls High School,
Halesowen, West Midlands.

Thanks are due also to Jeanne McCarthy of East Sussex County
Council for her clerical assistance.

## PART 1 WHO AND WHAT

# Module 1 **Definite and Indefinite Articles**

**1** There are four forms of the definite article (the) in French:

| | | |
|---|---|---|
| Singular | le<br>la<br>l' | the |

| | | |
|---|---|---|
| Plural | les | the |

**Masculine**

| | | | | |
|---|---|---|---|---|
| Singular | le livre | le banc | l'endroit | l'homme |
| Plural | les livres | les bancs | les endroits | les hommes |

**Feminine**

| | | | | |
|---|---|---|---|---|
| Singular | la table | la chemise | l'adresse | l'addition |
| Plural | les tables | les chemises | les adresses | les additions |

The words **à** and **de** affect **le** and **les** as follows:

| | | |
|---|---|---|
| à + le banc | = au banc | at/to the bench |
| à + les hommes | = aux hommes | to the men |
| de + le banc | = du banc | from/of the bench |
| de + les hommes | = des hommes | from/of the men |

**Le**, **la**, **l'** and **les** are sometimes used when there is no 'the' in English:

| | | |
|---|---|---|
| General<br>statements: | Je n'aime pas le café<br>Les tigres sont dangereux | I don't like coffee<br>Tigers are dangerous |

| | | |
|---|---|---|
| Titles: | le président de Gaulle<br>le roi Henri | President de Gaulle<br>King Henry |

**2** There are three forms of the indefinite article (a, an or some) in French:

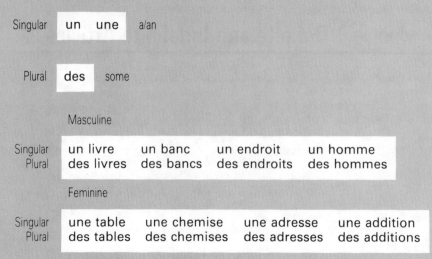

| Singular | un  une | a/an |
|----------|---------|------|

| Plural | des | some |
|--------|-----|------|

Masculine

| Singular | un livre | un banc | un endroit | un homme |
| Plural | des livres | des bancs | des endroits | des hommes |

Feminine

| Singular | une table | une chemise | une adresse | une addition |
| Plural | des tables | des chemises | des adresses | des additions |

Use the vocabulary at the back of the book to help you to do these exercises.

**A** Fill in the correct word for 'the' (**le**, **la**, **l'** or **les**)
1. ...... bâtiment 2. ...... champ 3. ...... armoire 4. ...... bonbons
5. ...... carte 6. ...... chou 7. ...... horloge 8. ...... jeu 9. ...... jupe 10. ......
poche 11. ...... stylos 12. ...... trottoir 13. ...... voiture 14. ...... voleur
15. ...... salons

**B** Fill in the correct word for 'a' or 'some' (**un**, **une** or **des**)
1. ...... sac 2. ...... serviette 3. ...... lumière 4. ...... marchands 5. ......
poisson 6. ...... rivière 7. ...... morceau 8. ...... lapin 9. ...... jambe 10. ......
forêt 11. ...... coins 12. ...... colline 13. ...... dame 14. ...... bruit 15. ......
bouteilles

**C** Put the word **à** ('to' or 'at') in front of each of the following and write out the new phrases, making any
changes necessary
1. les animaux 2. le vieillard 3. la maison 4. le village 5. la poupée 6. la
mer 7. la lune 8. l'ingénieur 9. l'hôtel 10. le centre 11. l'usine 12. les
domestiques 13. les agents 14. les bébés 15. le boulanger

**D** Put the word **de** ('from' or 'of') in front of each of the following and write out the new phrases, making
any changes necessary
1. les amis 2. le bâton 3. la bibliothèque 4. le bureau 5. le camion 6. le
tiroir 7. le chien 8. la cheminée 9. la douche 10. le guichet 11. la
chambre 12. l'église 13. l'eau 14. l'escalier 15. la foule

# Module 2 **Definite Article with Parts of the Body**

**1** To have a pain or ache:

My head aches   J'ai mal à la tête
His feet hurt   Il a mal aux pieds

| avoir mal | à | la main   la poitrine   la tête<br>l'épaule   l'oeil   l'oreille |
|---|---|---|
| | au | bras   genou<br>dos   ventre |
| | aux | dents   pieds<br>genoux   yeux |

**2** To break a part of the body:

I broke my arm   Je me suis cassé le bras

| se casser | le bras<br>le doigt<br>la jambe<br>le nez |
|---|---|

**3** To brush one's hair or teeth:

He's brushing his teeth   Il se brosse les dents

| se brosser | les cheveux<br>les dents |
|---|---|

**4** To wash part of the body:

He washed his face   Il s'est lavé le visage

| se laver | le corps<br>le visage<br>les cheveux<br>les mains |
|---|---|

**5** To open/close the eyes or mouth:

She opened her eyes    **Elle a ouvert les yeux**

| ouvrir | les yeux |
|--------|-----------|
| fermer | la bouche |

**A** Match the English to the French

1. J'ai mal à la tête.
2. Elle s'est cassé la jambe.
3. Nous ouvrons la bouche.
4. Nous avons mal aux pieds.
5. Elle se brosse les dents.
6. Elle s'est lavé le visage.
7. J'ai mal au ventre.
8. Nous avons mal aux jambes.
9. Je me suis lavé les mains.
10. Elle se brosse les cheveux.

She has broken her leg.
She's brushing her hair.
I have a stomach-ache.
Our legs hurt.
She's brushing her teeth.
I've got a headache.
Our feet hurt.
We open our mouths.
She washed her face.
I washed my hands.

**B** Fill in the missing word(s) in each sentence, then write the English for each complete sentence
1. Elle s'est lavé ...... dos.  2. J'ai mal ...... genou.  3. Il s'est cassé ...... nez.
4. Nous avons mal ...... yeux.  5. Tu te laves ...... corps.  6. J'ai mal ......
poitrine.  7. Elle se lave ...... cheveux.  8. Ils ont mal ...... oreille.  9. Il s'est cassé
...... épaule gauche.  10. Nous nous brossons ...... dents.

**C** Give the French for the following
1. She has earache.  2. I broke my arm.  3. Her elbow aches.  4. They brush their
teeth.  5. I washed my face.  6. They had a headache.  7. She had backache.
8. He brushed his hair.  9. You washed your hands.  10. He had a sore knee.

# Module 3 **Plurals of Nouns**

|   | Singular | Plural |
|---|----------|--------|
| (a) For most nouns add 's' to form the plural: | la dame<br>le banc<br>l'homme | les dames<br>les bancs<br>les hommes |
| (b) Nouns which end in 's', 'x' or 'z' do not change in the plural: | le bois<br>la voix<br>le nez | les bois<br>les voix<br>les nez |
| (c) For nouns ending in 'eau' or 'eu' add 'x' to form the plural: | le bateau<br>le château<br>le feu | les bateaux<br>les châteaux<br>les feux |
| (d) Nouns ending in 'al' have plurals ending in 'aux': | l'animal<br>le cheval<br>le journal | les animaux<br>les chevaux<br>les journaux |
| (e) Some irregular plurals: | l'oeil<br>le travail<br>madame<br>mademoiselle<br>monsieur | les yeux<br>les travaux<br>mesdames<br>mesdemoiselles<br>messieurs |

**A** Give the plurals of the following and translate them into English

1. le mois
2. le musée
3. l'homme
4. la chaise
5. le prix
6. l'autobus
7. la croix
8. le drapeau
9. le château
10. le métal
11. l'hôpital
12. le feu
13. le général
14. le nez
15. le travail
16. madame
17. le bois
18. le dos
19. le neveu
20. le palais
21. le cheval
22. l'animal
23. la chemise
24. l'assiette
25. le banc
26. le jeu
27. le cadeau
28. le couteau
29. la fille
30. l'enfant

# Module 4 **Pronouns**

**1** le, la, les, lui, leur, me, te, nous and vous are used instead of nouns and proper nouns to avoid repetition:

(a) Use le, la or les in front of the verb to mean 'it/him', 'it/her' or 'them':

I stroke the cats.

We are reading the letter.

Je caresse <u>les chats</u>.
Je caresse <u>les</u> + c~~hats~~.
Je <u>les</u> caresse.

Nous lisons <u>la lettre</u>.
Nous lisons <u>la</u> + le~~ttre~~.
Nous <u>la</u> lisons.

I stroke them.

We are reading it.

She takes this bus.

He prepared dinner.

Elle prend <u>ce bus</u>.
Elle prend <u>ce</u> + b~~us~~.
      ↓
      le
Elle <u>le</u> prend.

Il a préparé <u>le dîner</u>
Il a préparé <u>le</u> + d~~îner~~
Il <u>l'</u>a préparé.

He prepared it.

She takes it.

Note: The negatives of these sentences are:
Je ne <u>les</u> caresse pas.
Nous ne <u>la</u> lisons pas.
Elle ne <u>le</u> prend pas.
Il ne <u>l'</u>a pas préparé.

(b) Use me, te, nous or vous, in the same way to mean 'me', 'you', 'us' and 'you' (plural).

(c) Use lui or leur in front of the verb to mean 'to or for him/her/it' or 'to or for them':

I speak to Jean.

Je parle <u>à Jean</u>.
Je parle <u>à</u> + <u>Jean</u>.
         <u>lui</u>
Je <u>lui</u> parle.

I speak to him.

We are telephoning Yvan and Jocelyne.

Nous téléphonons <u>à Yvan et Jocelyne</u>.
Nous téléphonons <u>à + Yvan et Jocelyne</u>.
           <u>leur</u>
Nous <u>leur</u> téléphonons.

We are telephoning them.

The negatives of these sentences are:
Je ne lui parle pas.    Nous ne leur téléphonons pas.

(d) Use **me**, **te**, **nous** or **vous** in the same way to mean 'to me', 'to you', 'to us' or 'to you' (plural).

**A** Match the English to the French
1. Elle les aime.        We want them.
2. Nous l'avons fait.    We did it.
3. Nous le voulons.     She likes it.
4. Tu ne le lis pas.     You took it.
5. Elle l'aime.         She's looking for it.
6. Tu ne les lis pas.    You're not reading it.
7. Elle le cherche.     She likes them.
8. Nous les voulons.    We want it.
9. Tu l'as pris.        You're not reading them.
10. Elle les cherche.    She's looking for them.

**B** Give the English for the following. Whenever possible give more than one translation for the underlined pronoun
1. Je <u>les</u> mange.   2. Il <u>l</u>'a vu.   3. Tu <u>le</u> cherches.   4. Elles <u>les</u> préparent.   5. Nous ne <u>l</u>'avons pas trouvé.

**C** Each sentence has been rewritten. Fill in the pronoun required to replace the underlined noun in the original sentence
1. Elle a acheté <u>ce livre</u>.         Elle ........ a acheté.
2. Il ne quitte pas <u>la maison</u>.    Il ne ........ quitte pas.
3. Nous envoyons <u>la lettre</u>.      Nous ........ envoyons.
4. Elles préfèrent <u>cette grande table</u>.  Elles ........ préfèrent.
5. Vous avez oublié <u>le nom</u>.      Vous ........ avez oublié.
6. Je ne dessine pas <u>le chat</u>.     Je ne ........ dessine pas.
7. Il porte <u>les plateaux</u>.        Il ........ porte.
8. Tu prends <u>ce bus</u>.           Tu ........ prends.
9. Ils ont perdu <u>le ballon</u>.      Ils ........ ont perdu.
10. Nous envoyons <u>le paquet</u>.    Nous ........ envoyons.

**D** Give the French for the following
1. He's reading it.   2. They're watching her.   3. We're washing them.   4. We lost it.   5. I didn't see him.

**2** Moi, toi, lui, elle, nous, vous, eux and elles are used as follows:

(a) After prepositions:

| à côté de | chez | pour | |
|-----------|------|------|---|
| après | derrière | sans | moi |
| avec | devant | vers | toi |
| | | | lui/elle |
| | s'adresser à | | nous |
| | penser à/de | | vous |
| | s'approcher de | | eux/elles |
| | se souvenir de | | |

(b) After **être**:

| | moi |
|---|---|
| C'est | toi |
| Ce n'est pas | lui/elle |
| | nous |
| | vous |
| Ce sont | eux |
| Ce ne sont pas | elles |

(c) Without a verb:
  (i) In answer to a question:

  **Qui veut aller à la foire?**        Moi!
                                        Nous!
                                        Elles!

  (ii) For emphasis:

  **Moi, je veux y aller!**

(d) With **même(s)** to mean 'myself', 'ourselves', etc.:

  moi-même    nous-mêmes        Note that oneself is **soi-même**
  lui-même    eux-mêmes

(e) To clarify the meaning in the subject:

  <u>Vous et moi</u>, nous y irons.

(f) To mean 'one of them':

  l'un d'eux
  l'une d'elles

(g) To express possession:

| Ce bracelet Ce collier | est à | moi elles |
|---|---|---|
| Ces bagues Ces bijoux | sont à | toi nous |

(h) In comparatives:

Il est plus grand qu'elle.

(See Part 2, Module 2)

**3** Y (there) is used instead of names of places to avoid repetition:

Êtes-vous jamais allé <u>en France</u>? Oui, j'<u>y</u> suis allé l'année dernière.

Have you ever been to France? Yes, I went there last year.

Il va <u>à l'école</u> et il <u>y</u> restera toute la journée.

He's going to school and he'll stay there all day.

Nous aimons <u>Nice</u> et nous voulons <u>y</u> aller bientôt.

We like Nice and we want to go there soon.

**4** En (some, any, of it/them) is used instead of **de** plus a noun:

Combien <u>de frères</u> as-tu? J'<u>en</u> ai deux.

How many brothers have you got? I've got two.

Ont-ils assez <u>d'argent</u>? Oui, ils <u>en</u> ont assez.

Have they got enough money? Yes, they've got enough.

Combien <u>de pommes</u> y a-t-il? Il y <u>en</u> a six.

How many apples are there? There are six (of them).

**E** Give the English for the following

1. Elle nous écoute. 2. Vous me parlez. 3. Ils nous parlent. 4. Je leur offre un cadeau. 5 Je lui ai téléphoné. 6. Elle vous a parlé. 7. Je vais te montrer la photo. 8. Tu ne m'écoutes pas! 9. Vous ne me regardez pas! 10. Je t'ai donné les ciseaux.

**F** Fill in the correct French pronoun, then give the English for the sentence

1. Elle s'est assise à côté de .............. (me).
2. Il est sorti avec .............. (her).
3. Il était devant .............. (him).
4. Elle est partie sans .............. (them).
5. Ce n'est pas .............. (us).
6. Ce sont .............. (them).
7. J'y suis allé .............. (myself).
8. Nous avons fait le travail .............. (ourselves).
9. Il a préparé le repas .............. (himself).
10. Cette montre est à .............. (mine).

**G** Replace the words underlined by the pronoun **y** (there). Remember to change the word order

1. Nous sommes allés <u>à Nice</u>. 2. Je vais <u>au café</u> maintenant. 3. Elle est <u>au coin de la rue</u>. 4. Il était <u>derrière l'arbre</u>. 5. Nous étions <u>dans la salle de classe</u>.

**H** Match the answers to the questions, then give the English for each

1. Combien de soeurs avez-vous?       Non, il n'en a pas trop mangé.
2. A-t-il mangé trop de chocolats?       J'en ai une.
3. Ont-elles mangé assez de légumes?       Oui, j'en ai trop.
4. Avez-vous assez de temps?       Oui, elles en ont mangé assez.
5. Avez-vous trop de travail?       Non, je n'en ai pas assez.

# Module 5 **Amounts**

**1** Any/some:

Here is some butter **Voici du beurre**
Have you any butter? **Avez-vous du beurre?**

Singular

| de | la confiture | l'aspirine |
| | la crème | l'encre |
| | la limonade | l'essence |
| | la nourriture | l'huile |
| du | beurre | gâteau |
| | fruit | pain |
| | fromage | sucre |

Plural

| des | animaux |
| | canards |
| | chevaux |
| | livres |
| | petits pois |
| | pommes de terre |
| | poules |
| | vaches |

Note that **quelque(s)** also means 'some':

| quelque | temps |
| --- | --- |

| quelques | amis |
| | minutes |
| | moments |
| | parents |
| | oiseaux |
| | secondes |

**2** 'Any' after a negative:

I haven't any butter **Je n'ai pas de beurre**

| Je n'ai pas | d' | argent | oeufs |
| Nous ne voulons pas | | essence | oranges |
| Vous ne mangez pas | | | |
| Elle n'a pas acheté | de | fromage | poires |
| Nous n'avons pas apporté | | pain | pêches |
| Ils n'avaient pas | | | |

**A** Match the English to the French
1. du pain       some petrol
2. du bruit       some jam
3. de la confiture       some bread
4. de l'essence       some cows
5. des vaches       some noise

**B** Fill in the correct word for 'some' or 'any' and give the English
1. ...... sucre    2. ...... l'encre    3. ...... canards    4. ...... poules    5. ...... la crème    6. ...... animaux    7. ...... beurre    8. ...... la limonade    9. ...... gâteau 10. ...... fromage

**C** Give the French for the following
1. Have you got any sugar?    2. Here is some cheese.    3. Have you got any petrol?    4. Here is some ink.    5. Here are some cows.    6. Here are some hens. 7. Have you got any lemonade?    8. Have you got any bread?    9. Here is some cream.    10. Have you got any animals?

**D** Match the English to the French
1. Je n'ai pas de poires.       We don't want any eggs.
2. Ils ne veulent pas de fromage.       She hasn't bought any cheese.
3. Nous ne cherchions pas d'essence.       You hadn't bought any pears.
4. Nous ne voulons pas d'oeufs.       We were not looking for petrol.
5. Il n'a pas d'oeufs.       I haven't got any petrol.
6. Elle n'a pas acheté de fromage.       They don't want any cheese.
7. Je n'ai pas d'essence.       We don't want any peaches.
8. Tu n'avais pas acheté de poires.       You're not eating any peaches.
9. Nous ne voulons pas de pêches.       He hasn't got any eggs.
10. Vous ne mangez pas de pêches.       I haven't any pears.

**E** Give the French for the following
1. He hasn't got any petrol.
2. She didn't buy any oil.
3. They don't want any petrol.
4. We don't want any money.
5. He hasn't got any money.

**F** Fill in the correct word for 'some' or 'any'
1. J'ai dessiné ...... fleurs.
2. Il est arrivé ...... temps plus tard.
3. Y a-t-il ...... beurre?
4. Il n'a pas ...... stylos.
5. Il a mangé ...... petits pois.
6. Il attend depuis ...... minutes.
7. Voulez-vous ...... fromage?
8. Elles ont pris ...... aspirine.
9. Elle a acheté ...... confiture.
10. Je suis allé en ville avec ...... amis.

**3** Other amounts:

(a) about/approximately:

| environ | cinq<br>douze<br>un kilo |
|---|---|

(b) bag, basket or box/tin:

| un sac<br>un panier<br>une boîte | d' | abricots<br>oranges |
|---|---|---|
| | de | champignons<br>fruits |

(c) A dozen, about ten, about twenty, about thirty, about a hundred or thousands:

| une douzaine<br>une dizaine<br>une vingtaine | d' | animaux<br>enfants<br>hommes |
|---|---|---|
| une trentaine<br>une centaine<br>des milliers | de | gens<br>soldats<br>voitures |

(d) Enough, too much/many, so much/many or as much/many:

| assez<br>trop | d' | accidents<br>incidents | histoires<br>industries |
|---|---|---|---|
| tant<br>autant | de | filles<br>légumes | jambon<br>questions |

(e) Liquids:

| une bouteille<br>un litre | d' | alcool<br>eau<br>orangeade | |
|---|---|---|---|
| une tasse<br>un verre | de | bière<br>café<br>lait | thé<br>vin<br>limonade |

(f) A little or little/few:

| un peu peu | d' | argent eau huile |
|---|---|---|
| | de | chocolat lait temps |

(g) Much/many:

| beaucoup | d' | eau argent | animaux enfants |
|---|---|---|---|
| | de | beurre lait | jouets voitures |

**G** Match the English to the French

| | |
|---|---|
| 1. une tasse de lait | many children |
| 2. un verre de lait | too many vegetables |
| 3. une bouteille de vin | about a hundred cars |
| 4. beaucoup d'enfants | a box of matches |
| 5. assez de légumes | a little milk |
| 6. trop de légumes | a bottle of wine |
| 7. tant d'histoires | a basket of groceries |
| 8. une boîte d'allumettes | so many stories |
| 9. un panier de provisions | thousands of children |
| 10. peu de problèmes | enough vegetables |
| 11. une centaine de voitures | a cup of milk |
| 12. des milliers d'enfants | a bag of groceries |
| 13. un peu de lait | few problems |
| 14. autant de voitures | a glass of milk |
| 15. un sac de provisions | as many cars |

**H** Fill in the missing words

1. un litre ...... orangeade  2. une tasse ...... thé  3. assez ...... filles  4. une vingtaine ...... hommes  5. une boîte ...... sardines

**I** Give the French for the following

1. a bottle of beer  2. a glass of water  3. a dozen soldiers  4. thousands of animals  5. a box of matches  6. enough ham  7. a bag of toys  8. little time  9. about a kilo  10. too many accidents

(h) More or less/fewer:

| plus moins | d' | amis argent<br>assiettes essence |
|---|---|---|
| | de | dix francs bruit<br>différences temps |

(i) Most/the majority:

| la plupart | des | marchands parkings<br>messieurs patrons |
|---|---|---|

(j) A number or crowd:

| un grand nombre une foule | d' | Écossais employés<br>enfants hommes |
|---|---|---|
| | de | clients piétons<br>cyclistes spectateurs |

(k) A packet:

| un paquet | d' | aspirines épices |
|---|---|---|
| | de | biscuits farine<br>cigarettes sucre |

(l) A pair:

| une paire | de | chaussettes gants |
|---|---|---|

(m) A piece:

| un morceau | d' | orange abricot |
|---|---|---|
| | de | fromage gâteau<br>pain papier |

(n) Several:

| plusieurs | émissions prix |
|-----------|----------------|
|           | régions souvenirs |

(o) Weights:

| un demi-kilo<br>un kilo | d' | ail oignons<br>abricots oranges |
|-------------------------|----|---------------------------------|
| deux kilos<br>une livre | de | carottes pommes<br>porc saucisses |

**J** Match the English to the French

1. la plupart des marchands      several programmes
2. plusieurs émissions      a pair of gloves
3. moins de bruit      a piece of paper
4. plusieurs situations      a crowd of customers
5. la plupart des parkings      less noise
6. une paire de gants      most shopkeepers
7. un morceau de papier      several situations
8. une foule de clients      a piece of cheese
9. un paquet de farine      a packet of flour
10. un morceau de fromage      most car-parks

**K** Fill in the missing words

1. deux kilos ...... pommes   2. un paquet ...... biscuits   3. un morceau ......
gâteau   4. un grand nombre ...... passants   5. moins ...... oignons

**L** Give the French for the following

1. a kilo of apples   2. more industries   3. several memories   4. a pound of
meat   5. a packet of cigarettes   6. most gentlemen   7. fewer vegetables
8. several regions   9. more owners   10. a pair of socks

# Module 6 **References**

**1** Someone or something:

| | |
|---|---|
| someone | quelqu'un |
| something | quelque chose |

**2** This or that (see also Part 2, Module 6):

this **ceci**          that **cela**

Do you want to do that?   **Voulez-vous faire cela?**

**A** Give the English for the following
1. Quelqu'un est arrivé.
2. J'ai vu quelque chose là-bas.
3. Il voit quelqu'un derrière la maison.
4. Avez-vous vu cela?
5. Voulez-vous faire ceci?

# PART 2   DESCRIPTION

## Module 1 **Adjectives**

**1** Agreement of adjectives:

(a) In French, adjectives agree with the noun or pronoun they describe:

Singular

| | |
|---|---|
| Masculine | le grand arbre |
| Feminine | la grande voiture |

Plural

| | |
|---|---|
| Masculine | les grands arbres |
| Feminine | les grandes voitures |

(b) The following are common patterns for the four forms of adjectives:

| | Singular | Plural | |
|---|---|---|---|
| (i) hot/warm | chaud | chauds | Masculine |
| | chaude | chaudes | Feminine |
| (ii) pleasant | aimable | aimables | |
| | aimable | aimables | |
| (iii) dangerous | dangereux | dangereux | |
| | dangereuse | dangereuses | |
| (iv) active | actif | actifs | |
| | active | actives | |
| (v) expensive/dear | cher | chers | |
| | chère | chères | |
| (vi) English | anglais | anglais | |
| | anglaise | anglaises | |
| (vii) international | international | internationaux | |
| | internationale | internationales | |

(i) Adjectives following the same pattern as **chaud**:

| | |
|---|---|
| allemand German | fort strong |
| américain American | grand big/tall |
| bleu blue | intéressant interesting |
| blond fair/blond | joli pretty |
| brun brown | laid ugly |
| carré square | lourd heavy |
| certain sure | méchant wicked |
| clair light (of a colour) | mouillé damp/wet |
| content happy | petit small |
| court short | plein full |
| délicat delicate | rond round |
| différent different | seul alone |
| espagnol Spanish | vert green |
| étroit narrow | vrai true |
| fatigué tired | |

(ii) Adjectives following the same pattern as **aimable**:

| | |
|---|---|
| agréable pleasant | libre free |
| autre other | maigre thin |
| aveugle blind | malade ill |
| bizarre strange/odd | moderne modern |
| brave good | pauvre poor |
| célèbre famous | propre clean/own |
| chauve bald | riche rich |
| difficile difficult | rose pink |
| énorme enormous | rouge red |
| facile easy | russe Russian |
| grave serious | sale dirty |
| jaune yellow | triste sad |
| jeune young | vide empty |
| large wide | |

(iii) Adjectives following the same pattern as **dangereux**:

| | |
|---|---|
| délicieux delicious | malheureux unhappy |
| ennuyeux boring | merveilleux marvellous |
| furieux furious | mystérieux mysterious |
| généreux generous | paresseux lazy |
| heureux happy | sérieux serious |

(iv) Adjectives following the same pattern as **actif**:

attentif attentive   neuf new/brand new   vif lively

(v) Adjectives following the same pattern as **cher**:

**dernier** last
**étranger** foreign
**fier** proud
**léger** light (in weight)
**premier** first

(vi) Adjectives following the same pattern as **anglais**:

**assis** seated/sitting down
**français** French
**gris** grey
**mauvais** bad

(vii) Adjectives following the same pattern as **international**:

**égal** equal
**général** general
**national** national
**social** social

(c) The following adjectives have feminine forms in which the final consonant is doubled:

| | Singular | Plural | |
|---|---|---|---|
| old/ancient/former | ancien | anciens | Masculine |
| | ancienne | anciennes | Feminine |
| low | bas | bas | |
| | basse | basses | |
| good | bon | bons | |
| | bonne | bonnes | |
| thick | épais | épais | |
| | épaisse | épaisses | |
| nice | gentil | gentils | |
| | gentille | gentilles | |
| fat | gros | gros | |
| | grosse | grosses | |
| Italian | italien | italiens | |
| | italienne | italiennes | |

(d) The following adjectives have some irregular forms (underlined):

|  | Singular | Plural |  |
|---|---|---|---|
| white | blanc <br> <u>blanche</u> | blancs <br> <u>blanches</u> | Masculine <br> Feminine |
| complete | complet <br> <u>complète</u> | complets <br> <u>complètes</u> |  |
| sweet/gentle | doux <br> <u>douce</u> | doux <br> <u>douces</u> |  |
| false | faux <br> <u>fausse</u> | faux <br> <u>fausses</u> |  |
| favourite | favori <br> <u>favorite</u> | favoris <br> <u>favorites</u> |  |
| fresh/cool | frais <br> <u>fraîche</u> | frais <br> <u>fraîches</u> |  |
| worried | inquiet <br> <u>inquiète</u> | inquiets <br> <u>inquiètes</u> |  |
| long | long <br> <u>longue</u> | longs <br> <u>longues</u> |  |
| secret | secret <br> <u>secrète</u> | secrets <br> <u>secrètes</u> |  |
| all | tout <br> toute | <u>tous</u> <br> toutes |  |
| beautiful, handsome | beau (<u>bel</u>*) <br> <u>belle</u> | beaux <br> <u>belles</u> |  |
| new | nouveau (<u>nouvel</u>*) <br> <u>nouvelle</u> | nouveaux <br> <u>nouvelles</u> |  |
| old | vieux (<u>vieil</u>*) <br> <u>vieille</u> | vieux <br> <u>vieilles</u> |  |

*bel, **nouvel** and **vieil** are used before singular masculine nouns beginning with a vowel or a mute/silent 'h':
> un nouvel ami
> un vieil homme

**2** Position of adjectives:

(a) Most adjectives follow the noun they describe:

la jupe
la robe

| blanche |
| courte |
| longue |

un poème
un problème

| affreux |
| compliqué |
| difficile |

les gens
les voisins

| mécontents |
| paresseux |
| sérieux |

(b) Some adjectives go in front of the noun they describe:

la

| belle |
| deuxième |
| grande |
| jeune |
| jolie |
| première |

fille

le

| nouvel |
| vieil |

ami

le

| beau |
| gentil |
| gros |
| mauvais |
| petit |

garçon

les

| bons |
| meilleurs |

déjeuners
repas

(c) A few adjectives have different meanings depending on their position:

| | |
|---|---|
| un meuble <u>ancien</u> | an old piece of furniture |
| un <u>ancien</u> professeur | a former teacher |
| une voiture <u>chère</u> | an expensive car |
| mon <u>cher</u> collègue | my dear colleague |
| la semaine <u>dernière</u> | last week |
| la <u>dernière</u> semaine | the last week |
| l'amitié <u>même</u> | friendship itself |
| la <u>même</u> chose | the same thing |
| les mains <u>propres</u> | clean hands |
| mes <u>propres</u> mains | my own hands |

**A** Match the English to the French

| | |
|---|---|
| 1. seul | worried |
| 2. propre | wide |
| 3. jeune | ugly |
| 4. jaune | clean |
| 5. cher | narrow |
| 6. laid | happy |
| 7. étroit | alone |
| 8. large | expensive |
| 9. heureux | yellow |
| 10. inquiet | young |

**B** Write 'F' if the adjective is in the form which goes with feminine words; write 'M' if it is in the form which goes with masculine words. Then give the English
1. vive   2. gros   3. complet   4. belle   5. vieille   6. courte   7. long   8. blanc
9. nouvel   10. bonne

**C** Give the feminine form and the English for each of the following adjectives
1. paresseux   2. gentil   3. furieux   4. frais   5. épais   6. plein   7. sérieux
8. fier   9. doux   10. lourd

**D** Fill in any letters that are missing and give the English
1. la grand...... maison   2. le pauvr...... monsieur   3. la table rond......   4. les jeun...... amis   5. la bon...... réponse   6. le plancher sal......   7. les joli...... filles   8. l'ancien...... château   9. le manteau gris......   10. les nouveau...... pneus

**E** Give the English for the following

1. la deuxième question   2. le petit oiseau   3. les valises lourdes   4. le vent doux   5. le panier vide   6. une odeur forte   7. une femme aveugle   8. la ville voisine   9. les meilleurs repas   10. la première fois

**F** Add the adjective in brackets to the noun, putting it in the correct position

1. (grande) la fille   2. (bleu) le ciel   3. (blanche) la neige   4. (bonne) une idée   5. (assis) le monsieur   6. (jolie) la femme   7. (célèbre) l'écrivain   8. (mauvaise) une route   9. (compliqué) un problème   10. (mûres) les poires

**G** Give the French for the following

1. a short skirt   2. the square window   3. the thick book   4. a fat woman   5. a thin girl   6. a narrow road   7. a good book   8. an old man   9. a French cheese   10. a new friend

# Module 2 **Comparative and Superlative of Adjectives**

**1** Comparative:

| | |
|---|---|
| as … as | **aussi … que/qu'** |
| more … than | **plus … que/qu'** |
| less … than | **moins … que/qu'** |

| | | | | | |
|---|---|---|---|---|---|
| Il | est | | beau      heureux<br>gentil    triste<br>paresseux | qu' | Anne<br>elle<br>Hélène<br>eux<br>elles |
| Elle | | aussi<br>plus<br>moins | belle      jolie<br>grande    contente<br>intelligente | | |
| Ils | sont | | beaux      fiers<br>graves      chauves<br>silencieux | que | moi  toi  lui<br>Pierre<br>Sylvie<br>le monsieur<br>nos amis<br>tes sœurs |
| Elles | | | belles      aimables<br>timides      heureuses<br>méchantes | | |

| | Masculine | Feminine | |
|---|---|---|---|
| (a) better than | meilleur(s) | meilleure(s) | que  qu' |
| worse than | pire(s) | pire(s) | |

| | | | | |
|---|---|---|---|---|
| (b) not as … as | il<br>elle | n'est pas si | grand(e)<br>large | que  qu' |
| | ils<br>elles | ne sont pas si | tristes<br>aimables | |

**2** Superlative:

the most  le/la/les plus    the least  le/la/les moins

| le | garçon<br>monsieur | le | plus<br>moins | intelligent<br>sérieux | du monde<br>du village<br>de la boutique<br>de la maison |
|---|---|---|---|---|---|
| la | fille<br>femme | la | | curieuse<br>laide | |
| les | fauteuils<br>tables | les | | grands<br>belles | |

|  | Masculine | Feminine |
|---|---|---|
| best | le/les meilleur(s) | la/les meilleure(s) |
| worst | le/les pire(s) | la/les pire(s) |

**A** Give the English for the following

1. Elle est plus belle que sa soeur.  2. Il est plus intelligent que moi.  3. Ils sont aussi paresseux que Pierre.  4. Elle est moins intelligente que vous.  5. Ma voiture n'est pas si grande que la tienne.  6. C'est le garçon le plus agréable de la classe.  7. C'est la femme la plus belle du monde.  8. C'est l'histoire la plus triste.  9. C'est l'homme le moins gros.  10. Madame Maillet est la femme la plus curieuse du village.

**B** Complete the sentences as indicated, then give the English

1. Elle est ........ jolie ........ sa mère. (more ... than)
2. Il est ........ méchant ........ son frère. (less ... than)
3. Ils sont ........ paresseux ........ mon ami. (as ... as)
4. Ma voiture est ........ ........ la vôtre. (better than)
5. Sa voiture est ........ ........ la mienne. (worse than)
6. Vos chaussures sont ............ ........ les siennes. (worse than)
7. Son chien est ........ timide ........ son chat. (more ... than)
8. Mon sac est ........ lourd ........ ton panier. (as ... as)
9. Cette chaise ........'est ............ ........ confortable ........ le fauteuil. (not as ... as)
10. André est ........ paresseux ........ toi. (more ... than)
11. Cet animal est ........ dangereux ........ un tigre. (less ... than)
12. Ces devoirs sont ............ ........ les miens. (worse than)
13. C'est la fille ........ ........ gentille de la classe. (the most)
14. C'est l'homme ........ ........ agréable. (the least)
15. J'ai écouté ........ ............ disque. (the best)
16. Il a acheté la voiture ........ ........ chère. (the most)

# Module 3 **Descriptive Phrases and Clauses**

**1** Some expressions using **avoir**:

J'ai chaud   I'm hot
Il aura soif   He'll be thirsty

| avoir | chaud | | hot |
|---|---|---|---|
| | froid | | cold |
| | faim | | hungry |
| | soif | | thirsty |
| | raison | to be | right |
| | tort | | wrong |
| | peur | | afraid |
| | sommeil | | sleepy |
| | l'air | ennuyé | to seem/look bored |
| | | fatigué | tired |
| | | heureux | happy |
| | | triste | sad |
| | | pressé | in a hurry |
| | trois | | three |
| | vingt | ans | to be twenty years old |
| | cinquante | | fifty |

**A** Match the English to the French
1. J'ai chaud.       I'm sleepy.
2. Il a froid.        He's cold.
3. J'ai sommeil.   He's wrong.
4. Il a tort.          I'm afraid.
5. J'ai peur.        I'm hot.

**B** Give the English for the following
1. J'ai soif.   2. Il a l'air pressé.   3. Vous avez raison.   4. Nous avons froid.   5. Ils ont l'air triste.

**C** Complete each sentence using an expression with **avoir**
1. Je bois quand ............   2. Il fait 30 °C et nous ............   3. Il met un autre pullover parce qu'il ............   4. Elle dit que deux et deux font cinq. Elle ............   5. Vous dites que deux et deux font quatre. Vous ............

**D** Give the French for the following
1. I am hungry.   2. She's sleepy.   3. We are thirsty.   4. He looks happy.

**2** Expressions to describe people:

| | |
|---|---|
| à la barbe | with a beard |
| à la canne | with a walking-stick |
| au chapeau noir | with a black hat |
| à la moustache | with a moustache |
| aux cheveux longs | with long hair |
| accompagné d'un homme | accompanied by a man |
| entouré de gens | surrounded by people |
| habillé de rouge | dressed in red |
| sans lunettes | without glasses |

**3** Descriptive clauses:

| Subject | | Verb | |
|---|---|---|---|
| l'homme | | se promène | the man who is going for a walk |
| le garçon | qui | achète du pain | the boy who is buying bread |
| la jeune fille | | sort de la gare | the girl who is leaving the station |
| la dame | | entre dans le magasin | the lady who is going into the shop |

| Object | | Subject + verb | |
|---|---|---|---|
| le chapeau | | j'aime | the hat (that) I like |
| le pantalon | que | tu portes | the trousers (that) you are wearing |
| la robe | | nous préférons | the dress (that) we prefer |

| | | | |
|---|---|---|---|
| la maison | où | j'habite | the house where I live |
| l'usine | | ils travaillent | the factory where they work |

**E** Give the French for the following

1. the man with the beard   2. the lady with the walking-stick   3. the girl with the hat   4. the boy with long hair   5. the lady accompanied by a man   6. the girl surrounded by people   7. the woman dressed in red   8. the man dressed in black   9. the boy with short hair   10. the man without glasses

**F** Complete each sentence with either **qui** or **que**

1. Est-ce que tu vois la femme ...... se promène?   2. Où est le chapeau ...... tu aimes?   3. Je préfère la robe ...... vous portez.   4. Regardez la jeune fille ...... entre dans la gare!   5. Est-ce que tu connais le garçon ...... habite là?

# Module 4 **Possession**

**1** My/your/his/her/its/our/their plus a noun:

|  |  | | | | |
|---|---|---|---|---|---|
| my | mon | anniversaire | argent | avion | Singular |
| your | ton | examen | oncle | bateau | masculine |
| his/her/its | son | camarade | cousin | frère | nouns |
| our | notre | neveu | père | sac | |
| your | votre | verre | voisin | voyage | |
| their | leur | | | | |
| | | adresse | année | arrivée | Singular feminine |
| | | assiette | auto | encre | nouns starting |
| | | épice | image | orange | with a vowel |
| | | oreille | université | usine | |

| my | ma | bière | caravane | cave | Singular feminine |
|---|---|---|---|---|---|
| your | ta | chambre | chanson | copine | nouns starting |
| his/her/its | sa | cuisine | maison | mère | with a consonant |
| our | notre | nièce | photo | soeur | |
| your | votre | tante | valise | vie | |
| their | leur | visite | voisine | voiture | |

| my | mes | bas | chaussettes | chaussures | |
|---|---|---|---|---|---|
| your | tes | cousins | études | examens | |
| his/her/its | ses | fleurs | frites | gants | |
| our | nos | idées | livres | lunettes | Plural nouns |
| your | vos | meubles | neveux | nièces | |
| their | leurs | valises | voisins | voisines | |
| | | grands-parents | | | |

one of my sisters / a sister of mine — **une de mes soeurs**

one of his friends / a friend of his — **un de ses amis**

**A** Choose the correct English translation (a or b)

| | | |
|---|---|---|
| 1. mes vestes | (a) my jackets | (b) his jackets |
| 2. son oncle | (a) her uncle | (b) their uncle |
| 3. votre neveu | (a) your nephew | (b) our nephew |
| 4. leur copain | (a) his mate | (b) their mate |
| 5. ta photo | (a) his photo | (b) your photo |
| 6. notre caravane | (a) our caravan | (b) your caravan |
| 7. ses amis | (a) their friends | (b) his friends |
| 8. mon arrivée | (a) my arrival | (b) your arrival |
| 9. sa mère | (a) his mother | (b) our mother |
| 10. son écharpe | (a) their scarf | (b) her scarf |

**B** Change the underlined word to the appropriate form of 'the' in French (le, l', la or les)
1. <u>sa</u> visite
2. <u>leur</u> tente
3. <u>nos</u> projets
4. <u>ta</u> bague
5. <u>vos</u> chaussettes

**C** Give the French for the following
1. her glasses
2. our room
3. their answer
4. his sister
5. one of her brothers

**D** Replace le, la or les with the correct form of the word indicated
1. <u>la</u> valise (his)
2. <u>les</u> cousins (my)
3. <u>l'</u>anniversaire (her)
4. <u>la</u> chambre (your)
5. <u>la</u> voiture (their)
6. <u>les</u> livres (our)
7. <u>les</u> voisines (her)
8. <u>la</u> nièce (your)
9. <u>l'</u>arrivée (his)
10. <u>l'</u>auto (my)

**2** Other ways of expressing possession:

(a) Pierre's mother, the man's hat, etc.:

| | d' | André    Anne    Henri |
|---|---|---|
| l'anniversaire<br>l'appareil<br>l'expérience<br>l'hôtel<br>la mère<br>la voiture<br>le père<br>le tourne-disques<br>le voisin | de | Marie    Michel    l'Allemand<br>Monsieur Bihel    l'automobiliste<br>Madame Gilbert    l'élève<br>ce monsieur    l'enfant<br>             l'hôtesse de l'air<br>la dame    l'institutrice<br>la jeune fille<br>la vendeuse |
| les grands-parents<br>les pulls | du | boulanger    monsieur<br>chanteur    principal<br>garçon    professeur |
| les stylos<br>les timbres<br>les tricots<br>les vêtements | des | amis    joueurs<br>dames    messieurs<br>deux amis    touristes |

**E** Match the English to the French

1. la mère de la fille          the girl's mother
2. les vêtements du garçon          the boy's aunt
3. le tricot de Michel          the old man's cane/stick
4. la canne du vieil homme          Father's slippers
5. le magazine de Papa          Michael's jumper
6. la tante du garçon          Father's magazine
7. l'appareil de Michel          the old man's basket
8. la fille de la mère          the boy's clothes
9. les pantoufles de Papa          Michael's camera
10. le panier du vieil homme          the mother's daughter

**F** Give the French for the following

1. my sister's friend
2. John's dog
3. the man's hat
4. the children's football
5. his grandparents' visit

(b) Mine/yours/his/hers/its/ours/theirs as in:

This umbrella is yours  **Ce parapluie est à toi**
These gloves are his  **Ces gants sont à lui**

| | | | |
|---|---|---|---|
| Cette gomme<br>Ce parapluie<br>Le stylo | est | à | moi  toi  lui  elle<br>nous  vous  eux  elles |
| Ces souliers<br>Les gants<br>Ces valises | sont | | |

It's mine  **Il/Elle est à moi**
They're his  **Ils/Elles sont à lui**

(c) Mine/yours/his/hers/its/ours/theirs  without a noun:

Here's my pen, but where is yours?  **Voici mon stylo, mais où est le tien?**
I found my case next to his/hers  **J'ai trouvé ma valise à côté de la sienne**

|  | Masculine | | Masculine/Feminine | | Feminine | |
|---|---|---|---|---|---|---|
| Singular | le | mien<br>tien<br>sien | le<br>la | nôtre<br>vôtre<br>leur | la | mienne<br>tienne<br>sienne |
| Plural | les | miens<br>tiens<br>siens | les | nôtres<br>vôtres<br>leurs | les | miennes<br>tiennes<br>siennes |

(d) Anne's/the man's etc. without a noun, or the one(s) belonging to ....

Masculine Feminine

| | | | |
|---|---|---|---|
| Singular<br>Plural | celui  celle<br>ceux  celles | d' | Anne  Albert |
| | | de | Jacques  Marie  la fille<br>leurs amis  mon frère |
| | | du | garçon  monsieur |
| | | des | enfants  pompiers<br>Jauffret  voisins |

**G** Give the English for the following
1. Le stylo est à nous.
2. Les gants sont à eux.
3. Ces souliers sont à moi.
4. Les valises sont à nous.
5. Ce parapluie est à toi.
6. Voilà ta valise, mais où est la mienne?
7. J'ai trouvé mon stylo, mais où est le tien?
8. Je vois tes papiers mais je ne trouve pas les nôtres.
9. Elle a fini sa bière, mais il n'a pas bu la sienne.
10. Voilà mon pardessus et celui de mon ami.

**H** Complete each sentence as indicated
1. Voilà ma voiture, mais où est ................? (yours)
2. Voilà mes gants, mais où sont ................? (hers)
3. Voilà ton pardessus, mais où est ................? (mine)
4. Voilà son chapeau, mais où sont ................? (ours)
5. Voilà votre chien, mais où est ................? (his)
6. Voilà mes crayons, mais où sont ................? (theirs)
7. Voilà son écharpe, mais où est ................? (mine)
8. Voilà ma canne à pêche, mais où sont ................? (theirs)
9. Voilà leurs chaussures, mais où sont ................? (mine)
10. Voilà ta mère, mais où est ................? (hers)

**I** Complete each sentence with either **celui, celle, ceux** or **celles**, then give the English
1. Ma valise est grande mais ............ de Jean est petite.
2. Le chien de M. Raybaud est blanc mais ............ de Madame Roques est noir.
3. Mes chaussures sont sales mais ............ de mon frère sont propres.
4. Les amis de Marie-Claude sont gentils mais ............ d'Olivier sont méchants.
5. Son sac est par terre mais ............ de Jeanne est sur l'étagère.

# Module 5 **Jobs**

I am a priest **Je suis prêtre**
She was an actress **Elle était actrice**
They are sailors **Ils sont marins**

| | | | |
|---|---|---|---|
| Masculine singular | Je suis<br>Tu es<br>Il est | acteur<br>boucher<br>contrôleur<br>détective<br>employé<br>facteur<br>garçon | agent<br>conducteur<br>dentiste<br>directeur<br>étudiant<br>garagiste<br>joueur de football |
| Feminine singular | Je suis<br>Tu es<br>Elle est | actrice<br>domestique<br>fermière | concierge<br>employée<br>hôtesse de l'air |
| Masculine plural* | Nous sommes<br>Vous êtes<br>Ils sont | acteurs<br>facteurs<br>mécaniciens<br>pharmaciens<br>reporters | élèves<br>marins<br>médecins<br>photographes<br>professeurs |
| Feminine plural | Nous sommes<br>Vous êtes<br>Elles sont | actrices<br>journalistes<br>secrétaires<br>vendeuses | infirmières<br>serveuses<br>vedettes de cinéma |

*This form is also used for a group of men and women.

**A** Match the English to the French
1. Elle est professeur.    They are policemen.
2. Ils sont élèves.    She's a dentist.
3. Elle est garagiste.    He's a reporter.
4. Elle est dentiste.    She's a shop assistant.
5. Ils sont médecins.    They are pupils.
6. Ils sont agents.    She's a nurse.
7. Il est reporter.    She runs a garage.
8. Elle est infirmière.    He's a postman.
9. Il est facteur.    They are doctors.
10. Elle est vendeuse.    She's a teacher.

**B** Give the English for the following
1. Elle est concierge.
2. Ils sont garçons.
3. Elle est serveuse.
4. Je suis journaliste.
5. Il est épicier.

**C** Give the French for the following
1. He's a bus driver.
2. They are sailors.
3. We are pupils.
4. He's an actor.
5. She's a film star.

**D** Complete each of the following with the job which matches the first sentence
1. Ils enseignent dans les écoles.
   Ils sont ......................
2. Il distribue les lettres à nos maisons.
   Il est ......................
3. Elle travaille dans un restaurant.
   Elle est ......................
4. Il fait du pain.
   Il est ......................
5. Elle travaille dans un hôpital.
   Elle est ......................
6. Nous réparons les moteurs des voitures.
   Nous sommes ......................
7. Ils travaillent sur les bateaux.
   Ils sont ......................
8. Elles nous aident dans les avions.
   Elles sont ......................
9. Elle tape à la machine et travaille dans un bureau.
   Elle est ......................
10. Il vend de la viande.
    Il est ......................

# Module 6 **This, That, The One, What a . . .!**

**1** This/that/these/those  plus a noun:

this ... **ce/cet/cette** ...       that  **ce/cet** ...**-là**
these... **ces** ...       those  **ces** ...**-là**

To change 'this' to 'that' add **-là**    To change 'these' to 'those' add **-là**

| ce | champ<br>chemin<br>maillot<br>moteur<br>mouchoir | |
|---|---|---|
| cet | accident<br>agent<br>ascenseur<br>emploi<br>enfant<br>homme | **-là** |
| cette | addition<br>agence de voyages<br>année<br>dent<br>salle | |

| ces | devoirs<br>équipes<br>escaliers<br>étages<br>étagères<br>haricots<br>invitations<br>journaux<br>histoires<br>machines | **-là** |
|---|---|---|

**2** This one/that one/these/those  without a noun:

| | Masculine | Feminine | | |
|---|---|---|---|---|
| Singular | celui | celle | **-ci** | this one/these |
| Plural | ceux | celles | **-là** | that one/those |

**3** The one(s) who/that  plus a verb:

| | Masculine | Feminine | | |
|---|---|---|---|---|
| Singular | celui | celle | qui | est à moi<br>se trouve là |
| Plural | ceux | celles | | sont à moi<br>se trouvent là |

**4** The one(s) that /whom plus a subject + verb:

| | Masculine | Feminine | | |
|---|---|---|---|---|
| Singular | celui | celle | que | je veux<br>nous cherchions |
| Plural | ceux | celles | qu' | il va acheter<br>elles préfèrent |

**5** What (a) . . . !

| | |
|---|---|
| Quel | examen! garçon! |
| Quelle | horreur! vue! |
| Quels | gens! prix! |
| Quelles | filles! voitures! |

**A** Choose the correct English translation (a or b)

| | | |
|---|---|---|
| 1. cette lettre | (a) this letter | (b) these letters |
| 2. ces oiseaux | (a) these birds | (b) those birds |
| 3. ce bas-là | (a) those stockings | (b) that stocking |
| 4. ces paniers | (a) this basket | (b) these baskets |
| 5. cette fois | (a) this time | (b) that time |
| 6. ce maillot | (a) this bathing-costume | (b) that bathing-costume |
| 7. cette chemise-là | (a) this shirt | (b) that shirt |
| 8. ces timbres | (a) this stamp | (b) these stamps |
| 9. ce jardin-là | (a) this garden | (b) that garden |
| 10. cette boîte | (a) that box | (b) this box |

**B** Give the English for the following

1. ce manteau 2. cette cravate-là 3. ces disques 4. cet étranger-là 5. cette glace 6. ce couteau-là 7. ces cyclistes 8. cette couverture 9. cette piscine-là 10. ce poisson

**C** Change the word for 'the' to the appropriate form of 'this' or 'these'

1. la poule
2. l'ascenseur
3. les cartes
4. le poisson
5. les pneus

**D** Change the word for 'the' to the appropriate form of 'that' or 'those'
1. le lycée
2. la montre
3. les bouteilles
4. le savon
5. l'année

**E** Give the French for the following
1. that mountain
2. this road
3. these magazines
4. those shops
5. this telephone
6. those tickets
7. that wine
8. these cups
9. that one
10. this team

**F** Complete each sentence with either **celui, celle, ceux** or **celles**, then give the English
1. Quelle photo préférez-vous? ........ que vous tenez à la main gauche.
2. Quelles pommes voulez-vous acheter? ........ qui sont à dix francs le kilo.
3. Quels vélos sont à eux? ........ qui se trouvent près du mur.
4. Quel garçon a gagné le prix? ........ qui parle à Hélène.
5. Quelles filles vont venir à la discothèque? ........ que vous voyez à cette table-là.

**G** Complete each exclamation with either **quel, quelle, quels** or **quelles**, then give the English
1. .......... homme!
2. .......... film!
3. .......... vue!
4. .......... femmes!
5. .......... prix!
6. .......... jupe!
7. .......... gens!
8. .......... garçons!
9. .......... voitures!
10. .......... match!

# Module 7 **The Weather**

What's the weather like?   **Quel temps fait-il?**

| Il fait | beau | It's fine |
| | mauvais | The weather is bad |
| | chaud | It's warm/hot |
| | doux | It's mild |
| | frais | It's chilly |
| | froid | It's cold |

| Il fait | du | brouillard | It's foggy |
| | | soleil | It's sunny |
| | | tonnerre | It's thundering |
| | | vent | It's windy |

| Il | gèle | It's freezing |
| | neige | It's snowing |
| | pleut | It's raining |

**Le soleil brille**        The sun is shining

| Il fait | jour | It's light/daylight/daytime |
| | nuit | It's night/night-time |
| | noir | It's dark |

**A**  Match the English to the French

| | |
|---|---|
| 1. Il fait froid. | It's foggy. |
| 2. Il neige. | It's snowing. |
| 3. Il fait du brouillard. | It's freezing. |
| 4. Il gèle. | It's chilly. |
| 5. Il fait noir. | The weather's bad. |
| 6. Il fait frais. | It's windy. |
| 7. Il fait du vent. | It's cold. |
| 8. Il fait nuit. | It's night. |
| 9. Il fait mauvais. | It's raining. |
| 10. Il pleut. | It's dark. |

**B**  Give the French for the following

1. It's hot.   2. It's light.   3. It's thundering.   4. It's mild.   5. It's sunny.

# Module 8 **Numbers**

| | |
|---|---|
| 0 zéro | 40 quarante |
| 1 un/une | 42 quarante-deux |
| 2 deux | 50 cinquante |
| 3 trois | 56 cinquante-six |
| 4 quatre | 60 soixante |
| 5 cinq | 66 soixante-six |
| 6 six | 70 soixante-dix |
| 7 sept | 71 soixante et onze |
| 8 huit | 76 soixante-seize |
| 9 neuf | 77 soixante-dix-sept |
| 10 dix | 80 quatre-vingts |
| 11 onze | 81 quatre-vingt-un |
| 12 douze | 90 quatre-vingt-dix |
| 13 treize | 91 quatre-vingt-onze |
| 14 quatorze | 97 quatre-vingt-dix-sept |
| 15 quinze | 100 cent |
| 16 seize | 101 cent un |
| 17 dix-sept | 200 deux cents |
| 18 dix-huit | 300 trois cents |
| 19 dix-neuf | 350 trois cent cinquante |
| 20 vingt | 500 cinq cents |
| 21 vingt et un | 725 sept cent vingt-cinq |
| 25 vingt-cinq | 880 huit cent quatre-vingts |
| 30 trente | 999 neuf cent quatre-vingt-dix-neuf |
| 31 trente et un | 1000 mille |

| | | |
|---|---|---|
| 1st premier/première | 9th neuvième | $\frac{1}{2}$ une moitié/ un demi |
| 2nd deuxième/second(e) | 10th dixième | $\frac{1}{3}$ un tiers |
| 3rd troisième | 11th onzième | $\frac{1}{4}$ un quart |
| 4th quatrième | 15th quinzième | $\frac{3}{4}$ trois quarts |
| 5th cinquième | 18th dix-huitième | $\frac{1}{5}$ un cinquième |
| 6th sixième | 19th dix-neuvième | $\frac{1}{8}$ un huitième |
| 7th septième | 20th vingtième | |
| 8th huitième | | |

**A** Give the French for the following

1. 3, 12, 13, 16, 21, 30, 44, 55, 62, 71, 79, 80, 81, 89, 99, 100, 340, 622, 846, 1000
2. 1st, 2nd, 4th, 8th, 9th
3. $\frac{1}{4}, \frac{3}{5}, \frac{3}{8}, \frac{1}{2}, \frac{2}{3}$

# PART 3   WHERE

**1** Along:

| le long | de | la rue   la plage la route |
|---------|-----|-------------------------------|
|         | du  | chemin,   couloir             |

**2** Amongst:

| parmi | les gens les fleurs |
|-------|---------------------|

**3** At:

| à | l'école        l'entrée l'épicerie     l'église la mer         la rivière la maison      la boulangerie |
|-----|---------------------------------------------------------------------------------------------------------|
| au  | cinéma      café restaurant   marché                                                                      |
| aux | feux            courses                                                                                    |

**4** At/to somebody's house:

| chez | moi   toi   lui   elle nous   vous   eux   elles Marie   Pierre Madame Hervé   les Durand |
|------|---------------------------------------------------------------------------------------------|

**5** At/to somebody's shop:

| chez | le boulanger   le boucher le pâtissier      l'épicier |
|------|---------------------------------------------------------|

**6** Behind:

| derrière | le bâtiment les rideaux   la haie |
|----------|-------------------------------------|

**7** Between:

| entre | les deux collines le camion et la voiture |
|-------|---------------------------------------------|

**8** In the centre of:

| au centre | de | la ville | la rue |
|-----------|----|----------|--------|
|           | du | village | parc |

**9** At the corner of:

| au coin | de | la rue | la pièce |
|---------|----|--------|----------|
|         | du | salon | vestibule |

**10** Elsewhere/ somewhere else:

ailleurs

**11** Everywhere:

partout

**12** Far from/a long way from:

| loin | de | la ville  la forêt<br>l'église  l'école<br>la station-service |
|------|----|----|
|      | du | cinéma  supermarché<br>parking  centre |

**13** Here:

ici

**14** In/into:

| dans | la piscine  le magasin<br>la boîte  le jardin<br>la vitrine  l'évier<br>la poubelle<br>la machine à laver |
|------|----|

(a) Note also:

au soleil          à l'ombre

| Towns | à | Paris   Nice   Cannes   Londres |
|-------|---|---------------------------------|
| Most countries | en | Allemagne   France   Angleterre |
| A few countries | au | Japon   Canada   pays de Galles |
| Even fewer countries | aux | Pays-Bas   États-Unis |

(b) Other unusual forms:

| à | la main | la campagne |
|---|---------|-------------|
| en | ville | plein air |
| sur | l'image | |

**A** Complete each sentence and give the English
1. Il se promène ...... long ...... chemin. 2. Elle marche ...... long ...... route.
3. Elle est allée ...... rivière. 4. Nous sommes ...... école. 5. La voiture s'arrête
...... feux. 6. Elle va ...... Marie. 7. Il habite ...... moi. 8. Elle a acheté du pain
...... 9. Nous achetons de la viande ...... 10. J'ai cherché le ballon ...... les fleurs.

**B** Give the French for the following
1. along the corridor  2. along the beach  3. amongst the people  4. at home
5. at church  6. at the market  7. at the traffic-lights  8. at my house  9. at
Monsieur Mercier's house  10. to the grocer's (shop)

**C** Complete the sentences and give the English
1. La mairie se trouve ............ village. 2. Il a caché le livre ............ le rideau.
3. Le café-tabac est situé ............ rue. 4. J'ai cherché mon billet ............ mais je
ne l'ai pas trouvé. 5. Il prend le bus parce qu'il habite ............ école. 6. Vous
avez jeté les papiers ............ poubelle. 7. Nous allons nager ............ piscine.
8. Elle s'est bronzée ............ soleil. 9. Il y a beaucoup d'allumettes ............
boîte. 10. Elle s'est assise ............ ombre d'un arbre. 11. Ils sont allés ............
Paris. 12. Ils voyageaient ............ Allemagne. 13. Je vais ............ États-
Unis. 14. La ferme se trouvait ............ campagne. 15. Il tient une valise
............ main.

**D** Give the French for the following
1. behind the hedge  2. between the lorry and the car  3. in the centre of the
town  4. at the corner of the street  5. everywhere  6. a long way from the
garage  7. somewhere else  8. in the washing-machine  9. in the sink  10. in the
shop window  11. in London  12. in France  13. in Wales  14. in the open
air  15. in the picture

**15** In front of:

| devant | l'ascenseur |
|--------|-------------|
| | le cinéma |
| | la gare |
| | la librairie |

**16** In the middle of:

| au milieu | de | la rue | la route |
|---|---|---|---|
| | du | champ | chemin |

**17** Inside:

| à l'intérieur | de | la gare | la maison |
|---|---|---|---|
| | du | bâtiment | |

**18** Near (to):

| près | de | chez moi la rivière | la montagne la ville |
|---|---|---|---|
| | du | lac fauteuil | mur village |

**19** Next to:

| à côté | de | la maison | l'usine |
|---|---|---|---|
| | du | magasin | bateau |

**20** On/onto:

| sur | la table la nappe | le toit la plage | le banc |
|---|---|---|---|

Note also:

| à | la télévision la ferme la radio | | | |
|---|---|---|---|---|
| au | téléphone | | | |
| dans | le bus | le train | le métro | le car |
| par | terre | | | |

**21** Opposite:

| en face | de | la boutique | la gare |
|---|---|---|---|
| | du | marché | magasin |

**22** Outside:

| à l'extérieur | de | la gare | la maison |
|---|---|---|---|
| | du | bâtiment | |

**23** Over there:  là-bas

**24** At the side of/beside = on the bank of:

| au bord | de | la rivière   la mer |
|---------|----|--------------------|
|         | du | lac   fleuve   ruisseau |

**25** There:  là

**26** To:

| à | Calais   Dieppe   Strasbourg | Towns |
|---|------------------------------|-------|
| en | Grèce   Hollande   Italie | Most countries |
| au | Canada   Japon   Mexique | A few countries |
| aux | Pays-Bas   États-Unis | Even fewer countries |
| à | la rivière   la plage<br>la mer   la maison<br>l'école   l'aéroport<br>l'église   l'usine | |
| au | restaurant   magasin | |
| aux | Alpes   quais | |

**E** Complete the sentences and give the English
1. Le tracteur est ............ champ.  2. M. Farde attend sa femme ............ gare.
3. L'école est située ............ chez moi.  4. Il y a quatre couverts ............ table.
5. Le pêcheur est assis ............ lac.  6. Il a passé ses vacances ............ Grèce.
7. M. Sabouret travaille ............ usine.  8. Le camion s'est arrêté ............ la rue.
9. J'aime regarder les actualités ............ télévision.  10. L'assiette est tombée
............ terre.

**F** Give the French for the following
1. in front of the bookshop  2. in the middle of the road  3. inside the house
4. near the armchair  5. on the beach  6. opposite the market  7. over there
8. outside the station  9. at the side of the lake  10. on the bank of the river

**27** On top of = on the summit of:

| au sommet | de | la montagne   la colline |
|---|---|---|

**28** Towards:

| vers | moi   la porte   la sortie   l'entrée |
|---|---|

**29** Under:

| sous | la chaise   la couverture   le lit<br>le coussin   l'arbre   l'horloge |
|---|---|

**30** Directions:

(a) Go straight ahead:

| continuez tout droit |
|---|

(b) Turn left/right:

| tournez | à | gauche   droite |
|---|---|---|

(c) Take the first/second/third street on the left/right:

| prenez | la | première<br>deuxième<br>troisième | rue | à | gauche<br>droite |
|---|---|---|---|---|---|

(d) To the north, south, east, and west:

| à | l'est   l'ouest |
|---|---|
| au | nord   sud |

(e) In the north, south, east and west:

| dans | le nord   le sud<br>l'est   l'ouest |
|---|---|

dans le Midi = in the South of France

**G** Complete the sentences and give the English
1. Les alpinistes sont arrivés ............... montagne.
2. Il a couru ............... sortie.
3. Il a mis ses chaussures ............... chaise.
4. J'ai passé le week-end ............... ma tante.
5. Il a pris ............... rue ............... droite.

**H** Give the French for the following
1. on top of the hill
2. towards me
3. under the blanket
4. in the South of France
5. turn right
6. at my parents' house
7. turn left
8. to the north
9. in the west
10. go straight ahead

# PART 4   WHEN

## Module 1 **Days of the Week**

the days of the week   **les jours de la semaine**

The days of the week are written with a small letter.

**1** What day is it?

**Quel jour sommes-nous?**

| It's … | C'est | lundi<br>mardi<br>mercredi<br>jeudi<br>vendredi<br>samedi<br>dimanche |
|---|---|---|

**2** The day  plus part of day:

| It's … | C'est | lundi<br>mardi<br>mercredi<br>jeudi<br>vendredi<br>samedi<br>dimanche | matin<br>après-midi<br>soir | morning<br>afternoon<br>evening/night |
|---|---|---|---|---|

**3** On  plus the day of the week and part of day:

Note that 'on' is omitted in French.

| on … | lundi<br>mardi<br>mercredi<br>jeudi<br>vendredi<br>samedi<br>dimanche | matin<br>après-midi<br>soir |
|---|---|---|

**A** Match the English to the French

1. jeudi      Monday
2. samedi      Wednesday
3. vendredi      Sunday
4. lundi      Friday
5. mardi      Tuesday
6. dimanche      Thursday
7. mercredi      Saturday

**B** Insert the missing letters

1. madi
2. mecredi
3. eud
4. vndrd
5. samdi
6. dimach
7. und

**C** Give the French for the following

1. It's Thursday.
2. It's Sunday.
3. It's Monday.
4. It's Wednesday.
5. It's Friday.
6. on Tuesday
7. on Saturday
8. on Wednesday
9. on Thursday
10. on Friday

**D** Give the French for the following

1. It's Wednesday morning.
2. on Friday afternoon
3. on Tuesday afternoon
4. It's Saturday evening.
5. It's Sunday morning.
6. on Monday afternoon
7. It's Thursday morning.
8. on Tuesday evening
9. It's Friday morning.
10. on Thursday evening

# Module 2 **Months of the Year**

the months of the year **les mois de l'année**

The months of the year are written with a small letter.

janvier  février  mars  avril  mai  juin  juillet
août  septembre  octobre  novembre  décembre

| | | | |
|---|---|---|---|
| In ... | au mois de/d' | en | janvier<br>février<br>mars<br>avril<br>mai<br>juin<br>juillet<br>août<br>septembre<br>octobre<br>novembre<br>décembre |

**A** Match the English to the French

1. février
2. novembre
3. août
4. juillet
5. mars
6. janvier
7. octobre
8. mai
9. septembre
10. juin
11. décembre
12. avril

March  January
December  May
August  September
June  April
February  July
October  November

**B** Insert the missing letters

1. écembr  2. oût  3. ai  4. vri  5. illet  6. évrie  7. nvie  8. vembr  9. ptemb
10. obre  11. uin  12. ar

**C** Give the French for the following

1. in March  2. in January  3. in May  4. in December  5. in August  6. in April
7. in February  8. in June  9. in October  10. in July  11. in November
12. in September

# Module 3 **The Seasons**

the seasons  les saisons

l'été  l'automne  l'hiver  le printemps

It's ...  C'est  l'été
l'automne
l'hiver
le printemps

In ...  en  été
automne
hiver

au  printemps

**A** Match the English to the French
1. en hiver — in spring
2. C'est l'été. — It's winter.
3. C'est l'hiver. — in winter
4. en automne — It's autumn.
5. au printemps — in summer
6. C'est le printemps. — It's summer.
7. en été — in autumn
8. C'est l'automne. — It's spring.

**B** Insert the missing letters
1. ver
2. tem
3. au
4. t

**C** Give the French for the following
1. in summer
2. It's winter.
3. It's autumn.
4. in spring
5. It's summer.

# Module 4 **The Date**

**1** What's the date?

Quelle date sommes-nous?
Quelle est la date?

| It's ... | C'est le | premier | janvier |
| | | deux | février |
| | | trois | mars |
| | | quatre | avril |
| | | dix | mai |
| | | onze | juin |
| | | seize | juillet |
| | | vingt | août |
| On ... | Le | vingt-trois | septembre |
| | | vingt-cinq | octobre |
| | | trente | novembre |
| | | trente et un | décembre |

Note that 'on' is omitted in French.

**2** Dates on letters and homework:

| lundi | premier | janvier |
| mardi | cinq | mars |
| mercredi | six | mai |
| jeudi | douze | juillet |
| vendredi | vingt et un | septembre |
| samedi | vingt-neuf | novembre |
| dimanche | trente | décembre |

**3** The year:

| dix-sept | | quarante et un |
| dix-huit | cent | cinquante-trois |
| dix-neuf | | soixante-sept |
| | | soixante-neuf |
| | | quatre-vingts |

**A** Match the English to the French

| | |
|---|---|
| 1. le deux septembre | It's 5 April. |
| 2. C'est le seize juillet. | It's 16 July. |
| 3. C'est le quatre mars. | It's January the 1st. |
| 4. le quatorze février | It's 10 December. |
| 5. le vingt-trois juin | It's March the 4th. |
| 6. C'est le dix décembre. | on 2 September |
| 7. le trente mai | on 12 August |
| 8. le douze août | on May the 30th |
| 9. C'est le premier janvier. | on February the 14th |
| 10. C'est le cinq avril. | on 23 June |

**B** Give the French for the following dates on letters
   1. Monday 14 October
   2. Wednesday 11 July
   3. Sunday 31 January
   4. Thursday 28 September
   5. Friday 18 June

**C** Write the following years in words in French
   1. 1848
   2. 1927
   3. 1779
   4. 1980
   5. 1969
   6. 1881
   7. 1942
   8. 1855
   9. 1989
   10. 1994

# Module 5 **Time**

the time **l'heure**

What time is it? **Quelle heure est-il?**

**1** On the hour:

|  |  | une | heure |
|---|---|---|---|
| It's … | Il est | deux<br>trois<br>quatre<br>cinq | |
| at … | à | six<br>sept<br>huit<br>neuf<br>dix<br>onze | heures |

**2** On the quarter or half hour:

|  |  | une | heure | |
|---|---|---|---|---|
| It's … | Il est | | | et quart |
| at … | à | deux<br>cinq<br>neuf<br>onze | heures | et demie<br>moins le quart |

**3** Minutes past the hour:

|  |  | une | heure | |
|---|---|---|---|---|
| It's … | Il est | | | cinq<br>dix |
| at … | à | deux<br>quatre<br>six<br>huit<br>dix | heures | quinze<br>vingt<br>vingt-cinq |

**4** Minutes to the hour:

| | | | | | |
|---|---|---|---|---|---|
| It's … | Il est | une | heure | | cinq |
| | | deux | | | dix |
| | | trois | | moins | vingt |
| at … | à | cinq | heures | | vingt-cinq |
| | | sept | | | |
| | | neuf | | | |

**5** Midday/midnight plus half past:

| | | | |
|---|---|---|---|
| It's … | Il est | midi | et demi |
| at … | à | minuit | |

**6** Exact time:

| | | | | |
|---|---|---|---|---|
| It's … | Il est | une | heure | précise |
| | | trois | | |
| at … | à | cinq | heures | précises |
| | | neuf | | |

**7** Approximate time:

| | | | |
|---|---|---|---|
| | | une | heure |
| at about … | vers | sept | heures |
| | | neuf | |

**8** Morning (a.m.) and afternoon/evening (p.m.):

| | | | | |
|---|---|---|---|---|
| It's … | Il est | trois | | du matin |
| | | quatre | | de l'après-midi |
| | | | heures | |
| at … | à | huit | | du matin |
| | | dix | | du soir |

**A** Match the English to the French
1. à une heure
2. Il est deux heures.
3. Il est une heure.
4. à cinq heures
5. à neuf heures
6. Il est onze heures.
7. à onze heures
8. Il est neuf heures.
9. Il est cinq heures.
10. à deux heures

It's 11 o'clock.
at 11 o'clock
at 9 o'clock
at 2 o'clock
It's 5 o'clock.
at 1 o'clock
It's 9 o'clock.
It's 1 o'clock.
at 5 o'clock
It's 2 o'clock.

**B** Match the English to the French
1. à une heure et quart
2. à une heure moins le quart
3. à une heure et demie
4. Il est une heure moins le quart.
5. Il est deux heures moins le quart.
6. à trois heures et demie
7. Il est trois heures moins le quart.
8. Il est quatre heures et quart.
9. à onze heures at demie
10. Il est onze heures et quart.

It's quarter to 1.
It's quarter to 2.
It's quarter to 3.
It's quarter past 4.
It's quarter past 11.
at half past 11
at half past 1
at half past 3
at quarter to 1
at quarter past 1

**C** Match the English to the French
1. Il est cinq heures moins cinq.
2. à une heure vingt
3. à neuf heures moins vingt
4. à six heures dix
5. Il est cinq heures cinq.
6. Il est dix heures vingt.
7. Il est une heure vingt.
8. à quatre heures moins vingt
9. à sept heures moins vingt
10. à dix heures moins vingt

at 20 to 9
It's 5 past 5.
It's 5 to 5.
at 20 to 4
at 20 past 1
at 20 to 10
at 20 to 7
It's 20 past 10.
It's 20 past 1.
at 10 past 6

**D** Match the English to the French
1. à minuit
2. Il est midi.
3. à cinq heures précises
4. à une heure précise
5. vers une heure
6. vers cinq heures
7. à une heure du matin
8. Il est cinq heures de l'après-midi.
9. à huit heures du soir
10. à minuit et demi

at exactly 1 o'clock
at about 1 o'clock
at half past midnight
at 1 a.m.
It's 5 p.m.
It's midday.
at 8 p.m.
at about 5 o'clock
at exactly 5 o'clock
at midnight

**E** Insert the missing letters
   1. Qu heure est-il?
   2. Il est di heure
   3. à qatr heu
   4. Il est une heur mon le qua
   5. à dix heure ving-inq
   6. à min et dem
   7. Il est neu heu pré
   8. à quat heu d l'aprè-mid
   9. à huit heure d soi
  10. Il est ve sept heure

**F** Give the French for the following
   1. It's 1 o'clock.
   2. at 2 o'clock
   3. It's 4 o'clock.
   4. at quarter past 4
   5. It's quarter to 7.
   6. It's half past 11.
   7. at 20 past 10
   8. at 25 to 6
   9. at 10 to 5
  10. It's 10 to 7.
  11. It's midday.
  12. at midnight
  13. at exactly 1 o'clock
  14. It's exactly 10 o'clock in the morning.
  15. It's about 2 o'clock.
  16. at about 3 o'clock
  17. at 2 o'clock in the afternoon
  18. at half past midnight
  19. at about 6 o'clock
  20. at 4 a.m.

# Module 6 **Words and Phrases Telling When**

**1** Past:

| | |
|---|---|
| autrefois | formerly |
| hier | yesterday |
| hier matin | yesterday morning |
| hier soir | last night (5 p.m. to midnight) |
| cette nuit | last night (midnight to morning) |
| le lendemain | the next/following day |
| le lendemain matin | the next morning |
| le lendemain soir | the next night/evening |
| récemment | recently |

**2** Present:

| | |
|---|---|
| aujourd'hui | today |
| maintenant | now |
| actuellement | } nowadays/at the present time |
| à présent | |

**3** Future:

| | |
|---|---|
| bientôt | soon |
| demain | tomorrow |
| demain matin | tomorrow morning |
| demain soir | tomorrow night/evening |

**4** Past, present or future:

(a) Sequence of events:

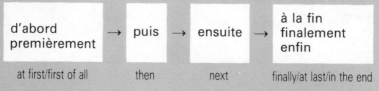

| d'abord premièrement | → | puis | → | ensuite | → | à la fin finalement enfin |
|---|---|---|---|---|---|---|
| at first/first of all | | then | | next | | finally/at last/in the end |

(b) As, when and while:

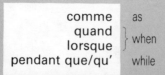

| | |
|---|---|
| comme | as |
| quand | } when |
| lorsque | |
| pendant que/qu' | while |

| | |
|---|---|
| the day/evening/night when | le jour/soir où |
| a day/evening/night when | un jour/soir que |

(c) This morning/afternoon/evening:

| | |
|---|---|
| ce matin | this morning |
| cet après-midi | this afternoon |
| ce soir | this evening/tonight |

**ce matin-là**   that morning

**5** Holidays:

| | |
|---|---|
| à Noël | at Christmas/on Christmas Day |
| à Pâques | at Easter |
| la veille de Noël | on Christmas Eve |
| le jour de l'an | on New Year's Day |

| pendant les vacances de | Noël / Pâques | during/in the Christmas / Easter holidays |
|---|---|---|

| pendant les grandes vacances | during/in the summer holidays |
|---|---|

**6** School:

| | |
|---|---|
| à la rentrée | at the beginning of the school year |
| au début du trimestre | at the beginning of term |
| à la fin du trimestre | at the end of term |
| pendant la récréation | during break |

**7** Weather:

On a ...

| par un | matin / après-midi / soir / jour | chaud / froid / glacial / pluvieux | hot / cold / freezing / rainy |
|---|---|---|---|

Note: **par un beau jour**   on a fine day

**8** Last plus day/week/month/year:

| lundi / mardi / le mois / l'an | dernier |
|---|---|
| la semaine / l'année | dernière |

**9** Next plus day/week/month/year:

| | |
|---|---|
| lundi<br>mardi<br>jeudi<br>le mois | prochain |
| la semaine<br>l'année | prochaine |

**10** In two/three etc. days'/weeks'/months'/years' time:

| | | |
|---|---|---|
| dans | deux<br>trois<br>quatre<br>cinq<br>neuf | jours<br>semaines<br>mois<br>ans |

**11** Ago:

| | |
|---|---|
| il y a | un moment<br>un instant<br>une heure<br>un jour<br>une semaine<br>un mois<br>un an |

| | | |
|---|---|---|
| il y a | deux<br>neuf<br>quinze<br>plusieurs<br>quelques | heures<br>jours<br>semaines<br>mois<br>ans |

Note: **il y a longtemps**   a long time ago

**12** During:

| | |
|---|---|
| pendant | la matinée<br>l'après-midi<br>la soirée<br>la journée<br>la nuit |

**13** In the …

| In the … | le matin<br>l'après-midi<br>le soir<br>la nuit |
|---|---|

**14** Before and after:

| before<br>after | avant<br>après | une heure<br>deux heures<br>midi<br>trois heures et demie<br>le déjeuner<br>le dîner<br>le match |
|---|---|---|

**15** After plus an action:

after drinking a glass of milk  **après avoir bu un verre de lait**
after arriving at the station  **après être arrivé à la gare**

| après avoir | bu<br>caché<br>fait<br>fini<br>grimpé<br>répondu |
|---|---|

| après être | arrivé<br>entré<br>resté<br>sorti<br>tombé<br>venu |
|---|---|

**16** Before plus an action:

| avant de | boire<br>manger<br>partir |
|---|---|

**17** Early, on time and late:

| | |
|---|---|
| de bonne heure | early |
| à l'heure | on time |
| en retard | late |
| tôt | early in the day |
| tard | late in the day |

**18** Suddenly:

tout à coup
soudain

**19** How often:

| | |
|---|---|
| quelquefois/parfois | sometimes |
| souvent | often |
| de temps en temps | from time to time/occasionally |
| toujours | always/still |
| ne ... jamais | never |

**20** Already, still and soon:

| | |
|---|---|
| déjà | already |
| encore | still |
| bientôt | soon |

**21** Ways of saying when you'll see someone again:

Note that 'see you' is omitted in French.

(a) See you at plus the time:

| à | deux quatre cinq | heures |
|---|---|---|

(b) See you on plus the day/part of the day:

| à | lundi mardi jeudi | matin après-midi soir |
|---|---|---|

(c) See you tomorrow (morning/ evening):

| à | demain demain matin demain soir |
|---|---|

| (d) See you this afternoon/ tonight: | à | cet après-midi<br>ce soir |
|---|---|---|

| (e) See you later/ soon: | à tout à l'heure<br>à bientôt |
|---|---|

**A** Match the English to the French

| 1. le lendemain | at first |
| 2. maintenant | already |
| 3. demain soir | this afternoon |
| 4. d'abord | the following day |
| 5. ensuite | formerly |
| 6. déjà | tomorrow night |
| 7. à la fin | last night |
| 8. le lendemain soir | now |
| 9. ce soir | tomorrow morning |
| 10. hier soir | at last |
| 11. cet après-midi | tonight |
| 12. demain matin | the next evening |
| 13. autrefois | next |

**B** Complete each sentence as indicated

1. (Yesterday) je suis allé en ville.
2. (Last night) il est resté à la maison.
3. (Today) je vais à l'école.
4. (Tomorrow) je vais regarder un match au stade.
5. (First) j'ai acheté du fromage et (then) je suis rentré.
6. Il est arrivé (at last).
7. (As) il traversait la rue, il est tombé.
8. (While) elle prenait le déjeuner, le téléphone a sonné.
9. (When) il a commencé à pleuvoir, tout le monde est parti.
10. (This morning) ils sont allés en ville faire des achats.

**C** Match the English to the French

| 1. le jour de l'an | on a cold day |
| 2. pendant les vacances de Pâques | last week |
| 3. au début du trimestre | on New Year's Day |
| 4. pendant la récréation | last month |
| 5. par un matin froid | in the Easter holidays |
| 6. par un jour froid | last year |
| 7. mercredi dernier | during break |
| 8. la semaine dernière | last Wednesday |
| 9. le mois dernier | on a cold morning |
| 10. l'année dernière | at the beginning of term |

**D** Match the English to the French

| | |
|---|---|
| 1. la semaine prochaine | ten years ago |
| 2. jeudi prochain | a week ago |
| 3. dans deux jours | next week |
| 4. dans dix ans | a few moments ago |
| 5. il y a dix ans | during the day |
| 6. il y a deux jours | in ten years' time |
| 7. il y a une semaine | two days ago |
| 8. il y a quelques moments | during the morning |
| 9. pendant la matinée | in two days' time |
| 10. pendant la journée | next Thursday |

**E** Match the English to the French

| | |
|---|---|
| 1. le matin | early |
| 2. avant une heure | late |
| 3. après trois heures et demie | sometimes |
| 4. avant le dîner | suddenly |
| 5. de bonne heure | after half past three |
| 6. en retard | in the morning |
| 7. tout à coup | before dinner |
| 8. quelquefois | often |
| 9. souvent | after eating |
| 10. après avoir mangé | before one o'clock |

**F** Give the French for the following
1. at Christmas
2. on Christmas Eve
3. at the end of term
4. on a freezing morning
5. last Sunday
6. next Saturday
7. in five weeks' time
8. a week ago
9. four days ago
10. during the evening
11. in the morning
12. before midnight
13. after the match
14. suddenly
15. always
16. already
17. after looking at
18. after falling
19. See you on Monday.
20. See you tomorrow.

# PART 5   HOW

## Module 1 Words Ending in '-ment' Which Tell How

| | | | |
|---|---|---|---|
| bitterly | amèrement | immédiatement | immediately |
| carefully | soigneusement | parfaitement | perfectly |
| constantly | constamment | poliment | politely |
| fluently | couramment | rapidement | rapidly/quickly |
| frequently | fréquemment | secrètement | secretly |
| gently | doucement | lentement | slowly |

## Module 2 Other Words and Phrases Telling How

| | | | |
|---|---|---|---|
| alone | seul | exprès | on purpose |
| badly | mal | vite | quickly |
| hard | dur | ensemble | together |
| for a long time | longtemps | bien | well |
| a lot | beaucoup | volontiers | willingly |
| not much | peu | | |

| | |
|---|---|
| tout à fait | completely/entirely |
| peu à peu | gradually/bit by bit |
| tout de suite/sur le champ | immediately |
| de moins en moins | less and less |
| de plus en plus | more and more |
| plus ou moins | more or less |
| à toute vitesse/en toute hâte | quickly |
| tout d'un coup | suddenly/all at once |

| à | voix basse | in a low/quiet voice |
| | haute voix | (to speak) aloud |

| avec | soin | carefully |
| | difficulté | with difficulty |

| d'une | façon | charmante | in a charming way/manner |
| | manière | intelligente | in an intelligent way/manner |

| sans | difficulté | without difficulty |
| | effort | without effort |
| | soin | without care/carelessly |

| à | trente | kilomètres à l'heure | at … kilometres an hour |
| | soixante | | |

| une | | | jour  semaine | once/twice/ten times a |
| deux | fois | par | mois  an | day/week/month/year |
| dix | | | | |

The following words can be used (a) on their own, as in English, or (b) in front of an adjective or another adverb:

(a) **Jean demande, 'Est-ce que je peux y aller?'**
**'Oui, certainement,' répond Papa.**

(b) **extrêmement mal** extremely badly

| | | | |
|---|---|---|---|
| almost/nearly | **presque** | **naturellement** | naturally |
| absolutely | **absolument** | **assez** | rather |
| certainly | **certainement** | **sûrement** | surely |
| enormously | **enormément** | **trop** | too |
| extremely | **extrêmement** | **vraiment** | truthfully |
| obviously | **évidemment** | **très** | very |

Note: fortunately **heureusement**
unfortunately **malheureusement**

# Module 3 **Comparative and Superlative of Adverbs**

**1** Comparative:

| | |
|---|---|
| as ... (ly) as | aussi ... que/qu' |
| more ... (ly) than | plus ... que/qu' |
| less ... (ly) than | moins ... que/qu' |

| | | | |
|---|---|---|---|
| aussi plus moins | amèrement couramment lentement vite | que | moi   toi   lui nous   vous Pierre   sa soeur |
| | | qu' | elle   eux   Anne |

Il parle aussi couramment que toi   He speaks as fluently as you (do)

| | | | |
|---|---|---|---|
| **bien** | well | **beaucoup** | a lot |
| **mieux** | better | **plus** | more |
| **mal** | badly | **peu** | a little |
| **pire** | worse | **moins** | less |

**2** Superlative:

| | |
|---|---|
| the most | **le plus** |
| the least | **le moins** |

Note that **le** is always used here, never **la** or **les**:
   Elle parle le plus vite.

| | | | |
|---|---|---|---|
| le plus le moins | doucement rapidement soigneusement | du | monde |
| | | de | la classe l'école |

C'est lui qui travaille le plus rapidement de la classe.

| | | | |
|---|---|---|---|
| **bien** | well | **beaucoup** | a lot |
| **le mieux** | the best | **le plus** | the most |
| **mal** | badly | **peu** | a little |
| **le pis** | the worst | **le moins** | the least |

# Module 4 **Transport**

**1** By bicycle, horse, motor bike, on foot:

| à | bicyclette/vélo<br>cheval<br>motocyclette/moto<br>pied |
|---|---|

**2** By boat, bus, car, coach, plane, lightweight motor bike:

| en | bateau<br>autobus/bus<br>voiture/auto<br>autocar/car<br>avion<br>vélomoteur |
|---|---|

**3** By train:

| par le train |
|---|

**A** Match the English to the French
1. soigneusement     perfectly
2. doucement     politely
3. poliment     slowly
4. parfaitement     carefully
5. lentement     gently

**B** Match the English to the French
1. évidemment     nearly
2. sûrement     truly
3. vraiment     too much
4. trop     obviously
5. presque     certainly

**C** Complete each phrase
1. ........ soin    2. ........ difficulté    3. ........ voix basse    4. ........ effort
5. ........ ............ charmante

**D** Fill in the missing letters

1. nat☐☐☐l☐☐m☐☐t
2. é☐or☐☐☐☐☐☐
3. ce☐☐☐☐n☐☐☐☐☐
4. a☐s☐☐☐☐e☐☐
5. c☐☐r☐☐☐☐☐☐☐

6. ex☐☐☐☐m☐☐☐☐☐t
7. h☐☐r☐☐☐e☐☐☐☐
8. se☐☐☐☐☐☐m☐☐☐
9. év☐☐☐☐☐☐n☐
10. am☐☐☐m☐☐☐

**E** Give the opposite of each of the following
1. lentement   2. de moins en moins   3. bien   4. seul   5. heureusement

**F** Complete each sentence with a word or expression which makes sense
1. Jean et Phillipe ont travaillé ............ sur le même problème.
2. Excellent! Tu as ............ travaillé!
3. Chut! Calmez-vous! S'il vous plaît, parlez ............
4. 'Merci beaucoup, monsieur,' dit-il .............
5. Il est fatigué. Il a travaillé ............ dans le jardin.
6. Le train va partir dans dix minutes. Il faut aller à la gare ............
7. 'Tu as fini?' demande la mère. 'Non, mais ............' répond l'enfant.
8. Il a mal à l'estomac parce qu'il a ............ mangé.
9. ............, l'agent de police était là. Il a arrêté le voleur.
10. ............ j'apprends le français.

**G** Complete each phrase and give the English
1. ...... cheval
2. ...... auto
3. ...... autobus
4. ...... pied
5. ...... avion
6. ...... vélomoteur
7. ...... bicyclette
8. ...... bateau
9. ...... car
10. ...... motocyclette

**H** Complete each sentence with a word or expression which makes sense
1. Il vient toujours ............ parce qu'il aime marcher.
2. Elle va en France ............ parce qu'elle aime la mer.
3. Il va en Écosse toujours ............ parce que c'est plus vite que le train.
4. Ils allaient venir ............ mais les deux pneus étaient crevés.
5. Elle voyage de Nice à Marseilles ............ parce qu'elle aime conduire.

# PART 6   QUESTIONS

## Module 1 **Straightforward Questions**

**1** Est-ce que/qu' can be used to begin a question:

(a) For I, you and we use:

| Est-ce que | je<br>tu<br>nous<br>vous | verb |
|---|---|---|

| Est-ce que | je gagne?<br>tu sors?<br>vous partez?<br>vous faisiez cela?<br>j'ai fini?<br>tu y es allé?<br>nous avons bu?<br>vous avez mangé? | Am I winning?/Do I win?<br>Are you going out?/Do you go out?<br>Are you leaving?/Do you leave?<br>Were you doing that?/Used you to do that?<br>Have I finished?/Did I finish?<br>Have you gone there?/Did you go there?<br>Have we drunk?/Did we drink?<br>Have you eaten?/Did you eat? |
|---|---|---|

(b) For he/it, she/it, people and they use:

| Est-ce qu' | il<br>elle<br>on<br>ils<br>elles | verb |
|---|---|---|

| Est-ce qu' | il revient?<br>elle mange?<br>ils prennent?<br>on chantait?<br>ils marchaient?<br>il est revenu?<br>elle a regretté?<br>ils ont pris? | Is he coming back?/Does he come back?<br>Is she eating?/Does she eat?<br>Are they taking?/Do they take?<br>Were people singing?/Used people to sing?<br>Were they walking?/Used they to walk?<br>Has he come back?/Did he come back?<br>Has she regretted?/Did she regret?<br>Have they taken?/Did they take? |
|---|---|---|

**2** The subject pronoun and verb can be inverted to ask a question:

| | |
|---|---|
| **Partez-vous?** | Are you leaving?/Do you leave? |
| **Jouait-il?** | Was he playing?/Used he to play? |
| **Avez-vous entendu?** | Have you heard?/Did you hear? |
| **Sont-ils partis?** | Have they left?/Did they leave? |

(a) Inversion is not normally used with **je**, but note that

**Puis-je? = Est-ce que je peux?**   Can I?

(b) If the verb ends in a vowel, add **-t** before **il**, **elle** or **on**:

| | |
|---|---|
| **Mange-t-elle?** | Is she eating?/Does she eat? |
| **Arrive-t-il?** | Is he arriving?/Does he arrive? |

(c) If the subject is a noun, inversion follows, with addition of a pronoun:

| | |
|---|---|
| **La ville, se trouve-t-elle loin d'ici?** | Is the town far from here? |
| **Pierre, est-il allé au cinéma?** | Has Pierre gone to the cinema?/ Did Pierre go to the cinema? |

**3** Use the normal subject–verb order with the correct intonation for a question:

| | |
|---|---|
| **Tu sors?** | Are you going out?/Do you go out? |
| **Vous mangez?** | Are you eating?/Do you eat? |
| **Il chantait?** | Was he singing?/Used he to sing? |
| **Il a vu?** | Has he seen?/Did he see? |
| **Ils sont revenus?** | Have they come back?/Did they come back? |

**A** Make the following into questions beginning with **Est-ce que/qu'**
1. Je peux y aller.
2. Il a faim.
3. Elles sont en ville.
4. Tu vas prendre le bus numéro huit.
5. Elle mangeait.
6. Vous lisiez.
7. Nous pouvions.
8. Il cherchait le chat.
9. Il est entré.
10. Tu as perdu le billet.

**B** Give the English for the following
1. Est-ce que tu as faim?
2. Est-ce que vous aimez les légumes?
3. Est-ce qu'il nage bien?
4. Est-ce que tu regardais la télévision?
5. Est-ce qu'elles faisaient leurs devoirs?
6. Est-ce que vous parliez au téléphone?
7. Est-ce que j'ai tout fait?
8. Est-ce que tu as vu cela?
9. Est-ce qu'il est revenu?
10. Est-ce qu'on est retourné?

**C** Give questions which match the following answers
1. Oui, j'ai seize ans.
2. Oui, il habite ici.
3. Non, ils n'ont pas de soeurs.
4. Oui, je parlais au professeur.
5. Oui, ils dormaient.
6. Non, elle ne déjeunait pas.
7. Non, nous n'avons pas pris le bus.
8. Non, il n'est pas arrivé en retard.
9. Oui, ils ont dit leurs noms.
10. Oui, tu es revenu à l'heure.

**D** Make the following into questions by inverting the subject and verb, then give the English
1. Vous allez en voiture.
2. Il a un rhume.
3. Elle a écouté un disque.
4. Ils ont décidé de venir.
5. Nous avons fait cela.

# Module 2 **Who?**

**1** Who?

| | | |
|---|---|---|
| Qui<br>Qui est-ce qui | chante? | Who is singing? |
| | vient? | Who is coming? |
| | était là? | Who was there? |
| | parlait? | Who was speaking? |
| | voulait partir? | Who wanted to leave? |
| | a acheté cela? | Who bought that? |
| | est allé au parc? | Who went to the park? |
| | avait disparu? | Who had disappeared? |
| | était rentré? | Who had come home? |
| | arrivera? | Who will arrive? |
| | ferait ça? | Who would do that? |

Note that **Qui?** and **Qui est-ce qui?** are always followed by the **il** form of the verb:

> <u>Qui va</u> au cinéma? Jean et Paul vont au cinéma.

**2** Whose?

| | | | |
|---|---|---|---|
| À qui | est | ce livre? | Whose book is this? |
| | | cette valise? | Whose case is this? |
| | sont | ces billets? | Whose tickets are these? |
| | | ces lunettes? | Whose glasses are these? |

**3** With whom?

| | | |
|---|---|---|
| Avec qui | parle-t-elle? | Who is she speaking to? |
| | venez-vous à l'école? | Who do you come to school with? |
| | marchent-ils? | Who are they walking with? |
| | jouait-il? | Who was he playing with? |
| | avez-vous voyagé? | Who did you travel with? |
| | êtes-vous allé au cinéma? | Who did you go to the cinema with? |

**4** About/from whom?

| | | |
|---|---|---|
| De qui | parles-tu? | Who are you talking about? |
| | as-tu reçu ce cadeau? | Who did you receive this present from? |

**A** Match the English to the French

1. Qui parle?
2. Quì est-ce qui mange?
3. Qui jouait?
4. Qui est-ce qui écoutait?
5. Qui sort?
6. Qui est-ce qui est arrivé?
7. Qui sera là?
8. Qui était là?
9. Qui est-ce qui parlait?
10. Qui avait joué?

Who is eating?
Who arrived?
Who will be there?
Who was talking?
Who was playing?
Who is talking?
Who is going out?
Who had played?
Who was there?
Who was listening?

**B** Give the English for the following

1. Qui chante?
2. Qui est-ce qui sort?
3. Qui descend?
4. Qui est-ce qui s'ennuyait?
5. Qui choisissait?
6. Qui est-ce qui frappait?
7. Qui a essayé?
8. Qui est-ce qui s'est habillé?
9. Qui a écrit?
10. Qui est-ce qui s'est fâché?

**C** Give the English for the following

1. Avec qui travaille-t-elle?
2. Avec qui va-t-il aller à la plage?
3. Avec qui te promenais-tu?
4. Avec qui avez-vous dansé?
5. Avec qui est-il sorti?

**D** Give the question which matches the underlined part of each answer

1. Cette valise est à moi.
2. Il entre avec son cousin.
3. Je parle de mon oncle.
4. Ils ont voyagé avec leurs voisins.
5. J'ai nagé seul.

**E** Give the French for the following

1. Who is staying here?
2. Who is waiting at the station?
3. Who went out with you?
4. Who played football today?
5. Who made that noise?

# Module 3 **What?**

**1** Qu'est-ce que/qu' can be used to begin a question starting 'What ...'

(a) For I, you and we use:

| Qu'est-ce que | je<br>tu<br>nous<br>vous | verb |
| --- | --- | --- |

| Qu'est-ce que | nous faisons? | What are we doing?/What do we do? |
| --- | --- | --- |
| | vous voulez? | What do you want? |
| | je peux faire? | What can I do? |
| | vous faisiez? | What were you doing?/What used you to do? |
| | j'ai fait? | What have I done?/What did I do? |
| | tu as acheté? | What have you bought?/What did you buy? |
| | vous avez dit? | What have you said?/What did you say? |

(b) For he/it, she/it, people and they use:

| Qu'est-ce qu' | il<br>elle<br>on<br>ils<br>elles | verb |
| --- | --- | --- |

| Qu'est-ce qu' | on veut? | What do they (people) want? |
| --- | --- | --- |
| | elle aime? | What does she like? |
| | il dessinait? | What was he drawing?/What used he to draw? |
| | ils disaient? | What were they saying?/What used they to say? |
| | il a perdu? | What has he lost?/What did he lose? |
| | elle a trouvé? | What has she found?/What did she find? |
| | ils ont vu? | What have they seen?/What did they see? |

Note:
**Qu'est-ce que c'est?** What is it/this?
**Qu'est-ce que c'est que cela?** What's that?
**Qu'est-ce que c'est que ce colis?** What's this parcel?
**Qu'est-ce qu'un torchon?** What's 'un torchon'?

**2** The subject pronoun and verb can be inverted to ask a question:

| Que | faites-vous? | What are you doing?/What do you do? |
| | veulent-ils? | What do they want? |
| | portait-elle? | What was she wearing/carrying? |
| | mangeaient-ils? | What were they eating?/What used they to eat? |

| Qu' | as-tu vu? | What have you seen?/What did you see? |
| | avez-vous donné? | What have you given?/What did you give? |
| | a-t-elle fait? | What has she done?/What did she do? |

(a) Note that inversion is not usually used with **je**.

(b) If the verb ends with a vowel, add **-t** before **il**, **elle** or **on**.

| Que | cherche-t-il? | What's he looking for? |

| Qu' | achète-t-elle? | What's she buying? |

**3** What colour?

| De quelle couleur | est était | il? | What colour is/was it? |
| | | elle? | What colour is/was it? |
| | | cela? | What colour is/was that? |
| | | la boîte? | What colour is/was the box? |
| | | le crayon? | What colour is/was the pencil? |
| | | le sac? | What colour is/was the bag? |
| | sont étaient | ils? | What colour are/were they? |
| | | elles? | What colour are/were they? |
| | | les fleurs? | What colour are/were the flowers? |
| | | les gants? | What colour are/were the gloves? |
| | | tes livres? | What colour are/were your books? |

**4** About what?

| De quoi | parle-t-il? | What's he talking about? |
| | parlait-il? | What was he talking about? |

| À quoi | pensent-elles? | What are they thinking about? |
| | pensaient-elles? | What were they thinking about? |

Note: **De quoi ont-ils besoin?**   What do they need?

## 5  With what?

| Avec quoi | écrit-on? | What do people write with? |
| | mangiez-vous | What were you eating with? |
| | jouaient-elles? | What were they playing with? |
| | ont-ils travaillé? | What did they work with? |

## 6  Other expressions:

(a) The following each have two meanings:

| **Qu'est-ce qu'il y a?** | What's the matter?/What's wrong? |
| --- | --- |
| Qu'est-ce qu'il y a ...? | What is there ...? |

**Qu'est-ce qu'il y a sur la table?**   What's on the table?

| Qu'est-ce que/qu' | j'ai? | What's the matter/wrong with me/you/ |
| | tu as? | us/him/her/them? |
| | il/elle a? | or |
| | nous avons? | What have I/you/we/they got? |
| | vous avez? | What has he/she got? |
| | ils/elles ont? | |

(b) What name?

| Comment | t'appelles-tu? | What's your name? |
| | s'appelle-t-il/elle? | What's his/her/its name? |
| | vous appelez-vous? | What is/are your name(s)? |
| | s'appellent-ils/elles? | What are their names? |

(c) What time is it?

| **Quelle heure est-il?** | (See Part 4, Module 5) |

**A** Make the following into questions beginning with **Qu'est-ce que** or **Qu'est-ce qu'**
1. Il boit.   2. Ils achètent.   3. Elles aiment manger.   4. Je peux lire.   5. Nous devions écrire.   6. Vous cherchiez.   7. Ils ont commencé.   8. Elle a oublié.   9. Il a volé.   10. Tu as bâti.

**B** Make the following into questions beginning with **Que** or **Qu'**
1. Elle nettoie.   2. Il demande.   3. Ils regardent.   4. Ils répétaient.   5. Elle voulait voir.   6. Tu coupais.   7. Elle a servi.   8. Il a emprunté.   9. Il a compté.   10. Tu as offert.

**C** Translate the following into French in two different ways, one beginning with **Qu'est-ce que/qu'** and one with **Que/Qu'**
1. What do you want?   2. What was he waiting for?   3. What are they eating?   4. What is he going to take?   5. What were you doing?   6. What was she saying?   7. What did we do?   8. What did you sell?   9. What have I won?   10. What did she see?

**D** Give questions which match the following answers
1. Elle est bleue.   2. Il est marron.   3. Elles sont jaunes.   4. Ils étaient blancs.   5. Il était gris foncé.

**E** Give the English for the following
1. Avec quoi dessine-t-on?
2. Avec quoi jouez-vous?
3. Avec quoi coupait-il?
4. Avec quoi a-t-elle ouvert la bouteille?
5. Avec quoi a-t-il écrit?

**F** Give a question which matches the underlined part of each answer
1. J'écris <u>avec un stylo</u>.
2. Il va manger <u>avec une fourchette</u>.
3. Ils jouaient <u>avec un ballon</u>.
4. Nous avons coupé le papier <u>avec des ciseaux</u>.
5. Elle s'est brossé les cheveux <u>avec ma brosse</u>.

# Module 4 **How?**

**1** How?

| Comment | voyagez-vous? | How do you travel? |
|---|---|---|
| | vient-elle à l'école? | How does she come to school? |
| | est-il arrivé? | How did he arrive? |
| | allait-il faire cela? | How was he going to do that? |
| | va-t-il monter? | How is he going to go up? |

**2** How is he/she?/How are you/they?

| Comment | va-t-il/elle? | How is he/she? |
|---|---|---|
| | vas-tu? | How are you? |
| | allez vous? | How are you? |
| | vont-ils/elles? | How are they? |

**3** How far?/How far away?

| À | quelle distance | se trouve l'autoroute? | How far is the motorway? |
|---|---|---|---|
| | | est le centre-ville? | How far is the town centre? |
| | combien de kilomètres | se trouvent les lacs? | How far away are the lakes? |
| | | sont les collines? | How far away are the hills? |

**4** How much/many?

| Combien | de | beurre? | How much butter? |
|---|---|---|---|
| | | farine? | How much flour? |
| | | fourchettes? | How many forks? |
| | | personnes? | How many people? |
| | | serviettes? | How many napkins/towels? |
| | d' | argent? | How much money? |
| | | enfants? | How many children? |
| | | oeufs? | How many eggs? |

**5** How long?/Since when?

| Depuis | quand | travaillez-vous ici? | How long have you been working here? |
| | | habite-t-elle ici? | How long has she been living here? |
| | | sont-ils malades? | How long have they been ill? |
| | combien de temps | travailliez-vous ici? | How long had you been working here? |
| | | habitait-elle ici? | How long had she been living here? |
| | | étaient-ils malades? | How long had they been ill? |

**6** How much does it cost?

| Combien | coûte | cela? | How much does that cost? |
| | | ce disque? | How much does this record cost? |
| | | cette robe? | How much does this dress cost? |
| | coûtent | ces chaussettes? | How much do these socks cost? |
| | | ces haricots? | How much do these beans cost? |
| | | les pommes? | How much do the apples cost? |

Note: **C'est combien?**
**Cela fait combien?**      How much is it?

**7** How old?

| Quel âge | as-tu? | How old are you? |
| | a-t-il/elle? | How old is he/she? |
| | avez-vous? | How old are you? |
| | ont-ils/elles? | How old are they? |

**A** Match the English to the French

1. Combien de chaises y a-t-il?
2. À quelle distance se trouve le centre?
3. Quel âge avez-vous?
4. Comment voyagez-vous?
5. À combien de kilomètres est Lille?
6. Depuis quand est-elle malade?
7. Combien de serviettes y a-t-il?
8. Combien coûte ce disque?
9. Combien coûtent ces disques?
10. Depuis combien de temps
    se sentait-elle malade?

How long has she been ill?
How much do these records cost?
How long had she been feeling ill?
How far is it to the centre?
How many towels are there?
How much does this record cost?
How far is it to Lille?
How old are you?
How do you travel?
How many chairs are there?

**B** Give the English for the following

1. Quel âge a-t-il? 2. Combien de fois par mois allez-vous au cinéma? 3. À quelle distance se trouve la piscine? 4. Comment viens-tu à l'école? 5. Depuis quand venez-vous à cette école? 6. Combien de frères avez-vous? 7. Depuis quand habitez-vous cette ville? 8. Combien de personnes y a-t-il sur l'image? 9. Comment vas-tu? 10. Combien coûtent les billets?

**C** Complete the following sentences

1. ................ vous appelez-vous?
2. ................ d'oranges y a-t-il?
3. ................ vont-ils au travail? En autobus.
4. ................ se trouve le centre commercial, s'il vous plaît?
5. ................ âge avez-vous?

**D** Give the French for the following

1. How old is she? 2. How far is the police station? 3. How do they go to the office? 4. How long has she lived in England? 5. How many eggs are there? 6. How much does that cost? 7. How far are the hills? 8. How much do the rings cost? 9. What's your name? 10. How long had they been in town?

# Module 5 **When? Where? Why?**

**1** When?

| | | |
|---|---|---|
| **Quand** | part-il? | When does he leave? |
| | arrivent-elles? | When do they arrive? |
| | habitait-il là? | When was he living there? |
| | est-il sorti? | When did he go out? |
| | avez-vous décidé? | When did you decide? |
| | vas-tu revenir? | When are you going to come back? |
| | serez-vous de retour? | When will you be back? |

For 'Since when?'/'How long?', see Module 4.

**2** Where?

(a) Where/where to?

| | | |
|---|---|---|
| **Où** | es-tu? | Where are you? |
| | va-t-elle? | Where is she going? |
| | allez-vous? | Where are you going? |
| | étions-nous? | Where were we? |
| | est-il allé? | Where did he go? |
| | avait-il mis cela? | Where had he put that? |
| | iras-tu? | Where will you go? |
| | travailleraient-ils? | Where would they work? |

(b) Where from?

| | | |
|---|---|---|
| **D'où** | vient-il? | Where does it/he come from? |
| | arrive ce train? | Where is this train coming from? |

**3** Why?

| | | |
|---|---|---|
| **Pourquoi** | restez-vous là? | Why are you staying there? |
| | sont-ils ici? | Why are they here? |
| | pleurait-elle? | Why was she crying? |
| | jouait-il? | Why was he playing? |
| | avons-nous oublié? | Why have we forgotten? |
| | est-il parti? | Why did he leave? |
| | avais-tu dit cela? | Why had you said that? |
| | viendra-t-il? | Why will he come? |
| | feraient-ils cela? | Why would they do that? |

**A** Match the French to the English
1. Où travaille-t-il?
2. Quand travaille-t-il?
3. Pourquoi travaille-t-il?
4. D'où viennent-ils?
5. Quand viennent-ils?
6. Pourquoi viennent-ils?
7. Où vont-ils?
8. Où mangez-vous?
9. Quand mangez-vous?
10. Pourquoi mangez-vous?

Where do you eat?
When does he work?
Why are they coming?
Where do they come from?
Where does he work?
Why are you eating?
When do you eat?
Why does he work?
When are they coming?
Where are they going?

**B** Give the English for the following
1. Pourquoi pleure-t-elle?
2. Quand reviennent-ils?
3. D'où vient ce fromage?
4. Où cherchent-ils?
5. Pourquoi pars-tu?
6. Quand pars-tu?
7. Où allez-vous?
8. Quand le train part-il?
9. D'où viennent les passagers?
10. Pourquoi fait-elle cela?

**C** Complete each question
1. ............ vous couchez-vous? A huit heures.
2. ............ travaillent-ils? Dans une usine.
3. ............ court-il? Parce qu'il est en retard.
4. ............ vas-tu? En ville.
5. ............ boivent-ils? Parce qu'ils ont soif.

**D** Give a question which matches the underlined part of each answer
1. Il est à la foire.
2. Parce qu'elle est triste.
3. Nous quittons la maison à huit heures du matin.
4. Ce train vient de l'Écosse.
5. Je prends le déjeuner à midi.

**E** Give the French for the following
1. Where do you live?
2. When do you get up?
3. Why are you sad?
4. Where does this cheese come from?
5. When does she watch television?

# Module 6 **Which?**

Which boy did it?   **Quel garçon l'a fait?**

| Quel | acteur? | repas? |
| | film? | sac? |
| | gâteau? | travail? |
| | meuble? | voyage? |
| **Quels** | bâtiments? | sandwichs? |
| | problèmes? | trains? |
| **Quelle** | actrice? | glace? |
| | chanteuse? | idée? |
| | émission? | lampe? |
| **Quelles** | collines? | |
| | montagnes? | |
| | photos (photographies)? | |
| | questions? | |
| | réponses? | |

# Module 7 **Which One(s)?**

| | Masculine | Feminine | | |
|---|---|---|---|---|
| Singular | Lequel | Laquelle | aime-t-il? | Which one(s) does he like? |
| Plural | Lesquels | Lesquelles | avez-vous? | Which one(s) have you got? |
| | | | prenons-nous? | Which one(s) are we taking? |
| | | | désirent-ils? | Which one(s) do they want? |
| | | | préférez-vous? | Which one(s) do you prefer? |

**A** Change 'the' (le/la/les) to the correct form of 'which' (quel)
1. la lettre
2. les paquets
3. le pantalon
4. le voyage
5. la porte
6. les moutons
7. les chaussures
8. le tourne-disques
9. l'autoroute
10. l'arbre

**B** Give the English for the following
1. Quel chemisier préférez-vous?
2. Quelle sorte de sandwich veut-il?
3. Quels devoirs a-t-il à faire?
4. Dans quel bureau travaillez-vous?
5. Quelles cartes aimes-tu?

**C** Give the French for the following
1. Which photo do you like?
2. Which coat does she prefer?
3. Which boy has two bikes?
4. What time is it?
5. Which shop does she work in?
6. Which bus-stop is he looking for?
7. What day is it?
8. Which train are you going to take?
9. Which pullover is dirty?
10. Which subject do you prefer?

**D** Change the underlined words (which + noun) to the correct form of **lequel** (which one)
1. <u>Quels plateaux</u> porte-t-il?
2. <u>Quelles jupes</u> veulent-elles?
3. <u>Quel journal</u> lit-il?
4. <u>Quelle actrice</u> connais-tu?
5. <u>Quelle tasse</u> est cassée?

**E** Complete each question with **lequel** or **laquelle** and give the English for the pair of sentences
1. Voilà trois stylos. ................ voulez-vous?
2. Il a deux soeurs. ................ connais-tu?
3. Je dois prendre un bus. ................ dois-je prendre?
4. Ils parlent avec un élève. Avec ................ parlent-ils?
5. Elle a choisi un manteau. ................ a-t-elle choisi?

# PART 7   VERBS

## Module 1 **Je** I

**PRESENT TENSE**  There are three English translations of this tense:
je joue  I play  or  I am/I'm playing  or  I do play

**1** -e ending:

(a) Regular -er verbs

j'accompagn**e**
je dépens**e**
j'oubli**e**

(b) **-er** verbs which are irregular because of spelling changes

| | |
|---|---|
| je m'appelle (s'appeler) | je jette (jeter) |
| je m'ennuie (s'ennuyer) | je mène (mener) |
| j'envoie (envoyer) | je nettoie (nettoyer) |
| j'espère (espérer) | je paie (payer) |
| j'essaie (essayer) | je préfère (préférer) |
| j'essuie (essuyer) | je me promène (se promener) |

**2** -s ending:

(a) Regular -re verbs

j'attend**s**
je perd**s**
je répond**s**

(b) Many irregular verbs

| | |
|---|---|
| je vais (aller) | je bois (boire) |
| je suis (être) | je crois (croire) |
| | je dois (devoir) |
| je dis (dire) | je reçois (recevoir) |
| j'écris (écrire) | je vois (voir) |
| je lis (lire) | |
| je ris (rire) | je bats (battre) |
| je souris (sourire) | je mets (mettre) |
| | je permets (permettre) |
| je connais (connaître) | |
| je fais (faire) | je cours (courir) |
| je sais (savoir) | je dors (dormir) |
| | je pars (partir) |
| je conduis (conduire) | je sens (sentir) |
| je suis (suivre) | je sors (sortir) |

**2(b) continued**

je deviens (devenir)   j'apprends (apprendre)
je reviens (revenir)   je comprends (comprendre)
je tiens (tenir)       je prends (prendre)
je viens (venir)       j'éteins (éteindre)
                       je m'assieds (s'asseoir)

**3** -is ending:

Regular -ir verbs

je bâtis
je finis
je remplis

**4** Other:

(a) -x ending

je peux (pouvoir)
je veux (vouloir)

(b)

j'ai (avoir)

**A** Match the English to the French

| | | | |
|---|---|---|---|
| 1. je nettoie | 6. j'apprends | I choose | I'm selling |
| 2. je cours | 7. je vends | I'm running | I want |
| 3. je choisis | 8. j'oublie | I'm holding | I clean |
| 4. je paie | 9. je ris | I pay | I'm learning |
| 5. je veux | 10. je tiens | I forget | I do laugh |

**B** Give the three English translations for each of the following
1. j'essaie  2. je dors  3. j'attends  4. je descends  5. je conduis

**C** Complete each sentence with a verb which makes sense
1. ............ les assiettes parce qu'elles sont mouillées.  2. Je ............ la fenêtre parce qu'il fait froid.  3. Je ............ du lait et je mange un biscuit.  4. J'............ une grande maison.  5. J'............ un frère et une soeur.  6. Je ............ à la maison parce qu'il pleut beaucoup.  7. Je ............ la voiture de mon père.  8. Je suis fatigué donc je m'............ dans un fauteuil.  9. J'............ une lettre à mes parents.  10. Je ............ finir mes devoirs avant de sortir.

**D** Give the French for the following:
1. I must  2. I'm filling  3. I do know  4. I'm going for a walk  5. I show  6. I spend  7. I think  8. I am writing  9. I drive  10. I'm blushing

# IMPERFECT TENSE

There are three English translations of this tense:

**je jouais**  I was playing  or  I used to play  or  I played (regularly and repeatedly in the past, e.g. all summer, every day)

**1** -ais ending:

(a) Regular -er verbs:
remove -er and add -ais

j'aid**ais**
j'écout**ais**
je parl**ais**

(b) -er verbs with c or g in the stem have ç + ais or ge + ais

je commen**çais**
je chan**geais**
je na**geais**

(c) Irregular -er verbs:
remove -er and add -ais

j'all**ais**
j'essay**ais**
je pay**ais**

(d) Irregular -ir verbs:
remove -ir and add -ais

je deven**ais**
j'ouvr**ais**
je sort**ais**

(e) Irregular -oir verbs:
remove -oir and add -ais

j'av**ais**
je pouv**ais**
je sav**ais**

(f) Regular -re verbs:
remove -re and add -ais

j'attend**ais**
j'interromp**ais**
je romp**ais**

(g) Some irregular -re verbs: remove -re and add -ais

je batt**ais**        je ri**ais**
je mett**ais**        je suiv**ais**
je permett**ais**     je viv**ais**

Note the following change of accent

être→êt→ét→j'étais

(h) Most irregular -dre verbs: remove -dre and add -ais

j'appren**ais**
je compren**ais**
je pren**ais**

(i) A few verbs add **-ais** to a stem which has a spelling change

> je m'assey<u>ais</u> (s'asseoir)   j'écriv<u>ais</u> (écrire)
> je buv<u>ais</u> (boire)            je voy<u>ais</u> (voir)
> je croy<u>ais</u> (croire)

## 2 -sais ending:

Some irregular **-re** verbs: remove **-re** and add **-sais**

> je condui<u>sais</u>   je fai<u>sais</u>
> je construi<u>sais</u>  je li<u>sais</u>
> je cui<u>sais</u>      je tradui<u>sais</u>
> je di<u>sais</u>

## 3 -issais ending:

All regular **-ir** verbs: remove **-ir** and add **-issais**

> je bât<u>issais</u>
> j' obé<u>issais</u>
> je roug<u>issais</u>

**A**  Match the English to the French

| | | | |
|---|---|---|---|
| 1. je quittais | 6. j'espérais | I was opening | I was going for a walk |
| 2. je riais | 7. je suivais | I was finishing | I used to write |
| 3. je prenais | 8. j'ouvrais | I used to take | I was following |
| 4. je me promenais | 9. j'écrivais | I used to hope | I was leaving |
| 5. je finissais | 10. je nageais | I was laughing | I used to swim |

**B**  Give the three English translations for each of the following
1. j'écoutais  2. je mettais  3. j'apprenais  4. je travaillais  5. je buvais  6. je partais  7. je rougissais  8. je disais  9. je lisais  10. je menais

**C**  Fill in the missing words
1. j'accompagnais = I was ............  2. je choisissais = I ............ choose
3. ............ aidais = I helped (repeatedly in the past)  4. je ............ = I used to eat
5. je couvrais = I was ............

**D**  Give the French for the following
1. I was drying  2. I used to believe  3. I was walking  4. I used to lose  5. I was speaking  6. I was sleeping  7. I used to catch  8. I obeyed (repeatedly in the past)  9. I was travelling  10. I used to make

# PERFECT TENSE

There are three English translations of this tense:

**j'ai joué**   I played   or   I have/I've played   or   I did play

The six shapes are to help you remember the different verb patterns. To form this tense, use the words in the small shape with any of the words in the large shape:

**j'ai + aidé = j'ai aidé**   I helped

**1** Regular **-er** verbs:

j'ai

| | |
|---|---|
| aidé | oublié |
| apporté | parlé |
| dépensé | pleuré |
| donné | ramassé |
| fermé | regardé |
| joué | travaillé |
| marché | trouvé |

**2** Regular **-ir** verbs:

j'ai

choisi
fini
puni
rempli
saisi

**3** Regular **-re** verbs:

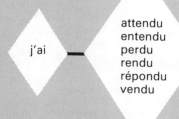

j'ai

attendu
entendu
perdu
rendu
répondu
vendu

**4** Irregular verbs:

j'ai

| | |
|---|---|
| bu | fait |
| conduit | lu |
| couru | mis |
| dit | ouvert |
| écrit | pris |
| eu | reçu |
| | ri |
| | suivi |
| | tenu |
| | vu |

**5** Sixteen special verbs:

je suis*

| | |
|---|---|
| allé | né |
| venu | mort |
| arrivé | devenu |
| parti | resté |
| entré | tombé |
| sorti | rentré |
| monté | retourné |
| descendu | revenu |

**6** Reflexive verbs:

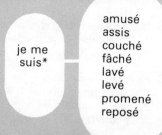

je me suis*

amusé
assis
couché
fâché
lavé
levé
promené
reposé

*For verb groups 5 and 6 add **e** to the past participle if a woman or girl is speaking:
Hélène dit, 'Je suis allée à Paris.'
Sylvie dit, 'Je me suis bien amusée.'

**A** Match the English to the French

| | |
|---|---|
| 1. je suis allé | I left |
| 2. je suis resté | I went for a walk |
| 3. j'ai posé | I had a good time |
| 4. j'ai choisi | I found |
| 5. je suis parti | I telephoned |
| 6. je me suis promené | I fell |
| 7. j'ai vendu | I was born |
| 8. je me suis amusé | I have punished |
| 9. j'ai parlé | I have read |
| 10. j'ai trouvé | I went in |
| 11. je suis tombé | I went |
| 12. je suis entré | I have placed |
| 13. j'ai téléphoné | I opened |
| 14. je suis né | I stayed |
| 15. j'ai puni | I have spoken |
| 16. j'ai bu | I have lost |
| 17. j'ai lu | I sat down |
| 18. j'ai ouvert | I drank |
| 19. je me suis assis | I have chosen |
| 20. j'ai perdu | I have sold |

**B** Fill in each gap and give an English translation. Begin each one with je
1. ............ vu   2. ............ couché   3. ............ entendu   4. ............ resté
5. .......... sonné   6. .......... sorti   7. .......... rendu   8. .......... mis
9. .......... saisi   10. .......... fermé   11. .......... amusé   12. .......... eu
13. .......... fait   14. .......... reçu   15. .......... perdu   16. .......... dépensé
17. .......... gagné   18. .......... fâché   19. .......... lavé   20. .......... suivi

**C** Give the French for the following

☐ 1. I found   2. I helped   3. I worked   4. I picked up   5. I cried

△ 1. I have filled   2. I did finish   3. I have chosen   4. I grabbed   5. I punished

◇ 1. I have waited   2. I did sell   3. I have lost   4. I gave back   5. I heard

⬠ 1. I ran   2. I took   3. I have read   4. I did say   5. I held

○ 1. I came back   2. I went down   3. I fell   4. I went in   5. I became

◡ 1. I sat down   2. I got angry   3. I went for a walk   4. I rested
5. I had a good time

**D** Look at the following sentences said by Charles. Rewrite them in the appropriate form as said by Sylvie
1. Je me suis levé.   6. Je suis arrivé.
2. J'ai oublié.   7. J'ai conduit.
3. Je suis devenu.   8. Je suis entré.
4. Je suis sorti.   9. Je me suis lavé.
5. Je suis retourné.   10. Je me suis promené.

# PLUPERFECT TENSE

There is one English translation of this tense:

**j'avais joué**  I had/I'd played

The six shapes are to help you remember the different verb patterns. To form this tense use the words in the small shape with any of the words in the large shape:

**j'avais + oublié = j'avais oublié**  I had forgotten

**1** Regular **-er** verbs:

| | |
|---|---|
| aidé | oublié |
| apporté | parlé |
| dépensé | pleuré |
| donné | ramassé |
| fermé | regardé |
| joué | travaillé |
| marché | trouvé |

j'avais

**2** Regular **-ir** verbs:

j'avais

choisi
fini
puni
rempli
saisi

**3** Regular **-re** verbs:

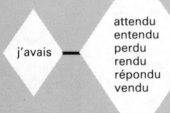

j'avais

attendu
entendu
perdu
rendu
répondu
vendu

**4** Irregular verbs:

j'avais

| | |
|---|---|
| | fait |
| | lu |
| | mis |
| | ouvert |
| bu | pris |
| conduit | reçu |
| couru | ri |
| dit | suivi |
| écrit | tenu |
| eu | vu |

**5** Sixteen special verbs:

j'étais*

| | |
|---|---|
| allé | né |
| venu | mort |
| arrivé | devenu |
| parti | resté |
| entré | tombé |
| sorti | rentré |
| monté | retourné |
| descendu | revenu |

**6** Reflexive verbs:

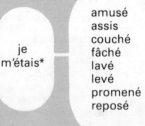

je
m'étais*

amusé
assis
couché
fâché
lavé
levé
promené
reposé

*For verb groups 5 and 6, add **e** to the past participle if a woman or girl is speaking:

Marie dit, 'J'étais arrivée.'

Jeanne dit, 'Je m'étais amusée.'

**A** Match the English to the French

| | |
|---|---|
| 1. j'avais fait | I'd heard |
| 2. j'avais attendu | I'd found |
| 3. j'étais devenu | I'd taken |
| 4. j'étais monté | I'd gone up |
| 5. je m'étais fâché | I'd come home |
| 6. j'avais ramassé | I'd arrived |
| 7. j'étais rentré | I'd made |
| 8. j'avais pris | I'd written |
| 9. je m'étais assis | I'd chosen |
| 10. j'avais trouvé | I'd picked up |
| 11. j'étais arrivé | I'd gone out |
| 12. j'avais entendu | I'd waited |
| 13. je m'étais couché | I'd gone to bed |
| 14. j'avais écrit | I'd got up |
| 15. j'étais sorti | I'd shut |
| 16. j'avais répondu | I'd become angry |
| 17. j'avais choisi | I'd finished |
| 18. je m'étais levé | I'd become |
| 19. j'avais fermé | I'd answered |
| 20. j'avais fini | I'd sat down |

**B** Fill in each gap with **j'avais**, **j'étais** or **je m'étais** and give the English

1. ............... lu   2. ............... mis   3. ............... rendu   4. ............... lavé
5. ............... tombé   6. ............... entendu   7. ............... parlé   8. ............... saisi
9. ............... promené   10 ............... tenu   11. ............... venu
12. ............... sonné   13. ............... resté   14. ............... dit
15. ............... amusé   16. ............... perdu   17. ............... eu
18. ............... conduit   19. ............... descendu   20. ............... rempli

**C** Give the French for the following

☐   1. I'd crossed   2. I'd spent   3. I'd brought   4. I'd won   5. I'd forgotten

△   1. I'd chosen   2. I'd grabbed   3. I'd punished   4. I'd filled   5. I'd finished

◇   1. I'd waited   2. I'd sold   3. I'd lost   4. I'd heard   5. I'd answered

⬠   1. I'd seen   2. I'd run   3. I'd followed   4. I'd put   5. I'd drunk

○   1. I'd stayed   2. I'd fallen   3. I'd left   4. I'd come   5. I'd gone

∪   1. I'd rested   2. I'd got up   3. I'd sat down   4. I'd become angry   5. I'd had a good time

**D** Look at the following sentences said by Paul. Rewrite them in the appropriate form as said by Marie
1. J'étais allé en France.
2. Je m'étais assis sur le canapé.
3. J'avais perdu mon vélo.
4. J'étais tombé de mon cheval.
5. Je m'étais promené dans le parc.

# FUTURE TENSE

**1** 'Going to' future

There is one English translation of this construction:

**je vais jouer**   I'm going to play

To form this construction put **je vais** in front of any infinitive:

| je vais | devenir |
| | finir |
| | m'en aller |
| | me reposer |

**2** Future

There is one English translation of this tense:

**je jouerai**   I shall/I'll play

The ending is **-ai** for all verbs.

(a) Regular **-er** verbs: add **-ai**

je m'amuser<u>ai</u>
je dîner<u>ai</u>
je frapper<u>ai</u>

(b) Regular **-ir** verbs: add **-ai**

je bâtir<u>ai</u>
je finir<u>ai</u>
je remplir<u>ai</u>

(c) Regular **-re** verbs: remove **-e** and add **-ai**

j'attendr<u>ai</u>
je répondr<u>ai</u>
je vendr<u>ai</u>

(d) Most irregular **-re** verbs: remove **-e** and add **-ai**

| je battrai | je lirai |
| je boirai | je mettrai |
| je conduirai | je plairai |
| je connaîtrai | je rendrai |
| je craindrai | je rirai |
| je croirai | je romprai |
| je dirai | je suivrai |
| j'écrirai | je vivrai |

(e) Some irregular verbs

| | |
|---|---|
| j'irai (aller) | j'aurai (avoir) |
| je serai (être) | je saurai (savoir) |
| je ferai (faire) | |
| | je tiendrai (tenir) |
| je courrai (courir) | je viendrai (venir) |
| je mourrai (mourir) | |
| je pourrai (pouvoir) | je devrai (devoir) |
| | je recevrai (recevoir) |
| j'enverrai (envoyer) | |
| je verrai (voir) | je m'assiérai (s'asseoir) |
| | je voudrai (vouloir) |

**A** Match the English to the French
1. je romprai    6. je rendrai    I'll know    I'll beat
2. j'aurai    7. je m'assiérai    I'll fill    I'll tell
3. je verrai    8. je raconterai    I'll have    I'll see
4. je saurai    9. je rougirai    I'll blush    I'll give back
5. je remplirai    10. je battrai    I'll break    I'll sit down

**B** Give the English for the following
1. je porterai   2. je mourrai   3. je viendrai   4. je trouverai   5. j'irai

**C** Fill in each gap with the future tense of a verb which makes sense
1. Je ................ la voiture de Papa.   2. Je ................ les assiettes sur la table.
3. J' ................ le télégramme demain matin.   4. Je ................ aux questions dans sa dernière lettre.   5. Je ................ au restaurant ce soir.   6. Je ................ mes devoirs avant de sortir.   7. J' ................ à la fête ce week-end   8. Je vous ................ à la gare à neuf heures.   9. Je ................ à la porte avant d'entrer dans son bureau.   10. J' ................ à l'heure demain.

**D** Give the French for the following
1. I'll read   2. I'll write   3. I'll wear   4. I'll obey   5. I'll jump   6. I'll sell   7. I'll go   8. I'll know   9. I'll steal   10. I'll study

**E** Give the English for the following
1. je vais partir   2. je vais me brosser les cheveux   3. je vais vendre   4. je vais y aller   5. je vais bâtir

**F** Give the French for the following
1. I'm going to speak   2. I'm going to finish   3. I'm going to answer   4. I'm going to get dressed   5. I'm going to open

# CONDITIONAL TENSE

There is one English translation of this tense:

**je jouerais**   I would/I'd play

The ending is **-ais** for all verbs

(a) Regular **-er** verbs: add **-ais**

> je m'amuser<u>ais</u>
> j' étudier<u>ais</u>
> je raconter<u>ais</u>

(b) Regular **-ir** verbs: add **-ais**

> je bâtir<u>ais</u>
> je finir<u>ais</u>
> je remplir<u>ais</u>

(c) Regular **-re** verbs: remove **-e** and add **-ais**

> j'attendr<u>ais</u>
> je répondr<u>ais</u>
> je vendr<u>ais</u>

(d) Most irregular **-re** verbs: remove **-e** and add **-ais**

| | |
|---|---|
| je battrais | je lirais |
| je boirais | je mettrais |
| je conduirais | je plairais |
| je connaîtrais | je rendrais |
| je craindrais | je rirais |
| je croirais | je romprais |
| je dirais | je suivrais |
| j'écrirais | je vivrais |

(e) Some irregular verbs

| | |
|---|---|
| j'irais (aller) | j'aurais (avoir) |
| je serais (être) | je saurais (savoir) |
| je ferais (faire) | je tiendrais (tenir) |
| je courrais (courir) | je viendrais (venir) |
| je mourrais (mourir) | |
| je pourrais (pouvoir) | je devrais (devoir) |
| | je recevrais (recevoir) |
| j'enverrais (envoyer) | |
| je verrais (voir) | je m'assiérais (s'asseoir) |
| | je voudrais (vouloir) |

**A** Match the English to the French

| | |
|---|---|
| 1. je m'amuserais | I would have |
| 2. je porterais | I would send |
| 3. je frapperais | I would wear |
| 4. je rirais | I would be |
| 5. j'enverrais | I would hit |
| 6. je connaîtrais | I would drink |
| 7. je serais | I would have a good time |
| 8. je sauterais | I would know |
| 9. je boirais | I would laugh |
| 10. j'aurais | I would jump |

**B** Give the English for the following
1. je vendrais
2. je suivrais
3. j'écrirais
4. je voudrais
5. je recevrais
6. je m'assiérais
7. je finirais
8. je remplirais
9. je trouverais
10. j'arriverais

**C** Give the French for the following
1. I would obey
2. I would choose
3. I would drive
4. I would come
5. I would see
6. I would go
7. I would receive
8. I would say
9. I would fly
10. I would study

# Module 2 **Tu** You

## PRESENT TENSE

There are three English translations of this tense.

**tu joues**   you play   or   you are/you're playing   or   you do play

**1** -es ending:

(a) Regular -er verbs

> tu aim**es**
> tu emprunt**es**
> tu pens**es**

(b) -er verbs which are irregular because of spelling changes

| | |
|---|---|
| tu t'appelles (s'appeler) | tu jettes (jeter) |
| tu t'ennuies (s'ennuyer) | tu mènes (mener) |
| tu envoies (envoyer) | tu nettoies (nettoyer) |
| tu espères (espérer) | tu paies (payer) |
| tu essaies (essayer) | tu préfères (préférer) |
| tu essuies (essuyer) | tu te promènes (se promener) |

**2** -is ending:

Regular -ir verbs

> tu chois**is**
> tu obé**is**
> tu roug**is**

**3** -s endings:

(a) Regular -re verbs

> tu entend**s**
> tu rend**s**
> tu vend**s**

(b) Most irregular verbs

| | |
|---|---|
| tu vas (aller) | tu connais (connaître) |
| tu as (avoir) | tu fais (faire) |
| tu es (être) | tu sais (savoir) |
| | |
| tu dis (dire) | tu conduis (conduire) |
| tu écris (écrire) | tu suis (suivre) |
| tu lis (lire) | |
| tu ris (rire) | tu bois (boire) |
| tu souris (sourire) | tu crois (croire) |
| | tu dois (devoir) |
| | tu reçois (recevoir) |
| | tu vois (voir) |

| 3(b) continued | tu bats (battre) | tu deviens (devenir) |
|---|---|---|
| | tu mets (mettre) | tu reviens (revenir) |
| | tu permets (permettre) | tu tiens (tenir) |
| | | tu viens (venir) |
| | tu cours (courir) | |
| | tu dors (dormir) | tu apprends (apprendre) |
| | tu pars (partir) | tu comprends (comprendre) |
| | tu sens (sentir) | tu prends (prendre) |
| | tu sors (sortir) | tu éteins (éteindre) |
| | | tu t'assieds (s'asseoir) |

**4** -**x** ending:

| tu peu<u>x</u> (pouvoir) | tu veu<u>x</u> (vouloir) |
|---|---|

**A** Match the English to the French

| 1. tu mènes | you promise |
|---|---|
| 2. tu rends | you are leading |
| 3. tu bats | you do beat |
| 4. tu empruntes | you are smiling |
| 5. tu promets | you borrow |
| 6. tu éteins | you are putting out/switching off |
| 7. tu souris | you give back |
| 8. tu réussis | you are succeeding |
| 9. tu restes | you do stay |
| 10. tu dépenses | you spend |

**B** Give the three English translations for each of the following
1. tu jettes   2. tu envoies   3. tu rougis   4. tu essaies   5. tu te brosses

**C** Complete each sentence with a verb which makes sense
1. Tu t' ............ Philippe?   2. Tu ............ à la question.   3. Tu ............ en Dieu.   4. Tu ............ de la maison à huit heures et demie.   5. Tu ............ à la maison à quatre heures et demie.   6. Tu ............ l'addition avec un billet de vingt francs.   7. Tu ............ la vaisselle avec un torchon.   8. Tu ............ les verres avec du vin rouge.   9. Tu ............ à ton ami pour demander s'il veut sortir.   10. Quand tu es malade tu ............ chez le médecin.

**D** Give the French for the following
1. you have   2. you are becoming   3. you allow   4. you do hear   5. you're thinking   6. you fill   7. you are taking   8. you run   9. you hope   10. you go down

# IMPERFECT TENSE

There are three English translations of this tense:

**tu jouais**   you were playing   or   you used to play   or   you played (regularly and repeatedly in the past, e.g. all summer, every day)

## 1 -ais ending:

(a) Regular **-er** verbs:
remove **-er** and add **-ais**

> tu attrap<u>ais</u>
> tu entr<u>ais</u>
> tu quitt<u>ais</u>

(b) **-er** verbs with **c** or **g** in the stem have **ç + ais** or **ge + ais**

> tu prononç<u>ais</u>
> tu ju<u>geais</u>
> tu son<u>geais</u>

(c) Irregular **-er** verbs:
remove **-er** and add **-ais**

> tu t'appel<u>ais</u>
> tu essuy<u>ais</u>
> tu préfér<u>ais</u>

(d) Irregular **-ir** verbs:
remove **-ir** and add **-ais**

> tu cour<u>ais</u>
> tu mour<u>ais</u>
> tu sent<u>ais</u>

(e) Irregular **-oir** verbs:
remove **-oir** and add **-ais**

> tu dev<u>ais</u>
> tu recev<u>ais</u>
> tu voul<u>ais</u>

(f) Regular **-re** verbs:
remove **-re** and add **ais**

> tu descend<u>ais</u>
> tu perd<u>ais</u>
> tu vend<u>ais</u>

(g) Some irregular **-re** verbs: remove **-re** and add **-ais**

> tu batt<u>ais</u>        tu ri<u>ais</u>
> tu mett<u>ais</u>        tu suiv<u>ais</u>
> tu permett<u>ais</u>     tu viv<u>ais</u>

Note the following change of accent

> être → êt → ét → tu étais

(h) Most irregular **-dre** verbs: remove **-dre** and add **-ais**

> tu appren<u>ais</u>
> tu compren<u>ais</u>
> tu pren<u>ais</u>

(i) A few verbs add **-ais** to a stem which has a spelling change

> tu t'assey<u>ais</u> (s'asseoir)   tu écriv<u>ais</u> (écrire)
> tu buv<u>ais</u> (boire)   tu voy<u>ais</u> (voir)
> tu croy<u>ais</u> (croire)

## 2 -sais ending:

Some irregular **-re** verbs: remove **-re** and add **-sais**

> tu condui<u>sais</u>   tu fai<u>sais</u>
> tu construi<u>sais</u>   tu li<u>sais</u>
> tu cui<u>sais</u>   tu tradui<u>sais</u>
> tu di<u>sais</u>

## 3 -issais ending:

Regular **-ir** verbs: remove **-ir** and add **-issais**

> tu chois<u>issais</u>
> tu rempl<u>issais</u>
> tu réuss<u>issais</u>

**A** Match the English to the French
1. tu aidais — you were
2. tu faisais — you said (repeatedly in the past)
3. tu écoutais — you were taking
4. tu bâtissais — you used to answer
5. tu répondais — you walked (repeatedly in the past)
6. tu marchais — you used to help
7. tu disais — you were building
8. tu étais — you were getting washed
9. tu te lavais — you were listening
10. tu prenais — you used to make

**B** Give the three English translations for each of the following
1. tu parlais  2. tu venais  3. tu t'habillais  4. tu remplissais  5. tu rendais

**C** Complete each sentence with a verb which makes sense
1. Tu ............. la télévision.  2. Tu ............. dur au bureau toute la journée.
3. Tu ............. la phrase de l'anglais en français.  4. Tu ............. du vin rouge.
5. Tu ............. le magazine.  6. Tu ............. un bon livre à la bibliothèque.
7. Tu ............. au lit dans ta chambre.  8. Tu ............. triste.  9. Tu ............. tes devoirs.  10. Tu ............. vite dans la rue.

**D** Give the French for the following
1. you used to write  2. you were getting dressed  3. you talked (repeatedly in the past)  4. you were learning  5. you used to allow  6. you were following  7. you were laughing  8. you used to be able  9. you were opening  10. you lied (repeatedly in the past)

# PERFECT TENSE

There are three English translations of this tense:

**tu as joué**   you played   or   you have/you've played   or   you did play

The six shapes are to help you to remember the different verb patterns. To form this tense, use the words in the small shape with any of the words in the large shape:

**tu as + aidé = tu as aidé**   you helped

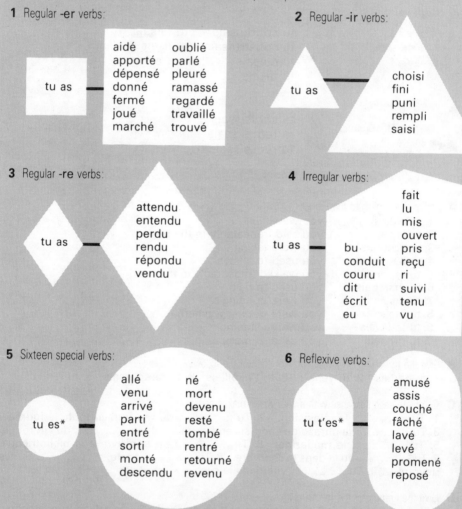

**1** Regular **-er** verbs:

**tu as**

| | |
|---|---|
| aidé | oublié |
| apporté | parlé |
| dépensé | pleuré |
| donné | ramassé |
| fermé | regardé |
| joué | travaillé |
| marché | trouvé |

**2** Regular **-ir** verbs:

**tu as**

choisi
fini
puni
rempli
saisi

**3** Regular **-re** verbs:

**tu as**

attendu
entendu
perdu
rendu
répondu
vendu

**4** Irregular verbs:

**tu as**

| | |
|---|---|
| | fait |
| | lu |
| | mis |
| | ouvert |
| bu | pris |
| conduit | reçu |
| couru | ri |
| dit | suivi |
| écrit | tenu |
| eu | vu |

**5** Sixteen special verbs:

**tu es***

| | |
|---|---|
| allé | né |
| venu | mort |
| arrivé | devenu |
| parti | resté |
| entré | tombé |
| sorti | rentré |
| monté | retourné |
| descendu | revenu |

**6** Reflexive verbs:

**tu t'es***

amusé
assis
couché
fâché
lavé
levé
promené
reposé

*For verb groups 5 and 6 add **e** to the past participle if a woman or girl is being spoken to:
**Tu es rentrée tard, Marie, et tu t'es couchée à deux heures du matin.**

**A** Match the English to the French

| | | | |
|---|---|---|---|
| 1. tu es tombé | 11. tu es né | you did win | you waited |
| 2. tu as dit | 12. tu as traversé | you've stayed | you gave |
| 3. tu as donné | 13. tu as écrit | you punished | you've laughed |
| 4. tu es devenu | 14. tu as ri | you fell | you did get washed |
| 5. tu as gagné | 15. tu as ramassé | you've chosen | you went in |
| 6. tu es sorti | 16. tu es arrivé | you became | you picked up |
| 7. tu as attendu | 17. tu t'es lavé | you arrived | you did go out |
| 8. tu es resté | 18. tu as choisi | you've crossed | you were born |
| 9. tu as lu | 19. tu es entré | you said | you've written |
| 10. tu t'es reposé | 20. tu as puni | you've read | you rested |

**B** Fill in each gap and give an English translation. Begin each one with **tu**
1. .......... fait 2. .......... rendu 3. .......... conduit 4. .......... trouvé 5. ..........
monté 6. .......... parlé 7. .......... répondu 8. .......... entendu 9. ..........
assis 10. .......... fermé 11. .......... pleuré 12. .......... bu 13. ..........
oublié 14. .......... reçu 15. .......... saisi 16. .......... sonné 17. ..........
promené 18. .......... fini 19. .......... mis 20. .......... dépensé

**C** Give the French for the following

☐ 1. you won 2. you brought 3. you have phoned 4. you placed
5. you have watched

△ 1. you did finish 2. you chose 3. you filled 4. you punished
5. you grabbed

◇ 1. you lost 2. you gave back 3. you did sell 4. you waited
5. you answered

▢ 1. you ran 2. you followed 3. you had 4. you drove
5. you have seen

◯ 1. you stayed 2. you went 3. you did come 4. you fell
5. you came back home

◯ 1. you did get angry 2. you got washed 3. you rested
4. you had a good time 5. you went to bed

**D** Look at the following questions directed at Paul, your friend. Rewrite them in the appropriate form to ask your friend Elizabeth
1. Est-ce que tu t'es amusé?
2. Quand es-tu né?
3. Avec qui es-tu sorti?
4. Qu'est-ce que tu as acheté?
5. Quand est-ce que tu t'es couché?
6. Comment es-tu rentré?
7. Qu'as-tu dit?
8. Où est-ce que tu t'es assis?
9. Quand es-tu tombé?
10. Comment es-tu monté?

# PLUPERFECT TENSE

There is one English translation of this tense:

**tu avais joué**   you had/you'd played

The six shapes are to help you to remember the different verb patterns. To form this tense use the words in the small shape with any of the words in the large shape:

**tu avais + ramassé = tu avais ramassé**   you had picked up

**1** Regular -**er** verbs:

tu avais —

| | |
|---|---|
| aidé | oublié |
| apporté | parlé |
| dépensé | pleuré |
| donné | ramassé |
| fermé | regardé |
| joué | travaillé |
| marché | trouvé |

**2** Regular -**ir** verbs:

tu avais —

choisi
fini
puni
rempli
saisi

**3** Regular -**re** verbs:

tu avais —

attendu
entendu
perdu
rendu
répondu
vendu

**4** Irregular verbs:

tu avais —

| | |
|---|---|
| | fait |
| | lu |
| | mis |
| | ouvert |
| bu | pris |
| conduit | reçu |
| couru | ri |
| dit | suivi |
| écrit | tenu |
| eu | vu |

**5** Sixteen special verbs:

tu étais*

| | |
|---|---|
| allé | né |
| venu | mort |
| arrivé | devenu |
| parti | resté |
| entré | tombé |
| sorti | rentré |
| monté | retourné |
| descendu | revenu |

**6** Reflexive verbs:

tu t'étais*

amusé
assis
couché
fâché
lavé
levé
promené
reposé

*For verb groups 5 and 6, add **e** to the past participle if a woman or girl is being spoken to:
**Tu étais restée, Monique?    Tu t'étais couchée de bonne heure, Hélène?**

**A** Match the English to the French

1. tu avais sonné     you had laughed
2. tu avais rendu     you had gone in
3. tu avais ri     you had spent
4. tu t'étais amusé     you had finished
5. tu étais entré     you had gone out
6. tu étais sorti     you had read
7. tu avais fini     you had had a good time
8. tu avais écrit     you had rung
9. tu avais lu     you had written
10. tu avais dépensé     you had given back

**B** Fill in each gap with **tu avais, tu étais** or **tu t'étais** and give the English

1. ............ tenu 2. ............ vendu 3. ............ rempli 4. ............ téléphoné 5. ............ arrivé 6. ............ fâché 7. ............ sorti 8. ............ revenu 9. ............ choisi 10. ............ gagné 11. ............ ouvert 12. ............ attendu 13. ............ dit 14. ............ eu 15. ............ conduit

**C** Give the French for the following

☐ 1. you had given 2. you had played 3. you had worked 4. you had helped 5. you had asked

△ 1. you had chosen 2. you had punished 3. you had finished 4. you had filled 5. you had seized

◇ 1. you had sold 2. you had lost 3. you had waited 4. you had replied 5. you had given back

⬠ 1. you had driven 2. you had taken 3. you had followed 4. you had done 5. you had held

○ 1. you had come 2. you had fallen 3. you had gone 4. you had become 5. you had come back

◡ 1. you had sat down 2. you had gone to bed 3. you had gone for a walk 4. you had got up 5. you had rested

**D** Look at the following questions directed at Robert, your friend. Rewrite them in the appropriate form to ask your friend Marie

1. À quelle heure étais-tu arrivé?
2. Est-ce que tu t'étais lavé?
3. Tu avais fermé la porte?
4. Quand étais-tu parti?
5. Où est-ce que tu t'étais promené?

# FUTURE TENSE

## 1 'Going to' future

There is one English translation of this construction:

**tu vas jouer**   you are/you're going to play

To form this construction put **tu vas** in front of any infinitive:

| | |
|---|---|
| tu vas | devenir<br>finir<br><br>t'en aller<br>te reposer |

## 2 Future

There is one English translation of this tense:

**tu joueras**   you will/you'll play

The ending is **-as** for all verbs.

(a) Regular **-er** verbs:
add **-as**

| |
|---|
| tu frapper**as** |
| tu raconter**as** |
| tu trouver**as** |

(b) Regular **-ir** verbs:
add **-as**

| |
|---|
| tu choisir**as** |
| tu obéir**as** |
| tu rougir**as** |

(c) Regular **-re** verbs:
remove **-e** and
add **-as**

| |
|---|
| tu attendr**as** |
| tu rendr**as** |
| tu répondr**as** |

(d) Most irregular **-re** verbs: remove **-e** and add **-as**

| | |
|---|---|
| tu battras | tu liras |
| tu boiras | tu mettras |
| tu conduiras | tu plairas |
| tu connaîtras | tu rendras |
| tu craindras | tu riras |
| tu croiras | tu rompras |
| tu diras | tu suivras |
| tu écriras | tu vivras |

(e) Some irregular verbs:

| | |
|---|---|
| tu iras (aller) | tu auras (avoir) |
| tu seras (être) | tu sauras (savoir) |
| tu feras (faire) | |
| | tu tiendras (tenir) |
| tu courras (courir) | tu viendras (venir) |
| tu mourras (mourir) | |
| tu pourras (pouvoir) | tu devras (devoir) |
| | tu recevras (recevoir) |
| tu enverras (envoyer) | |
| tu verras (voir) | tu t'assiéras (s'asseoir) |
| | tu voudras (vouloir) |

**A** Match the English to the French
1. tu mettras    6. tu trouveras    you'll see    you'll say
2. tu diras    7. tu réussiras    you'll know    you'll find
3. tu arriveras    8. tu sauras    you'll put    you'll succeed
4. tu viendras    9. tu verras    you'll arrive    you'll want
5. tu pourras    10. tu voudras    you'll be able    you'll come

**B** Give the English for the following
1. tu recevras   2. tu croiras   3. tu finiras   4. tu t'amuseras   5. tu vendras

**C** Fill in each gap with the future tense of a verb which makes sense
1. Tu ............... quinze ans le mois prochain.   2. Tu ............... l'histoire drôle à la réunion.   3. Tu ............... ce livre avant moi.   4. Tu ............... sur un tabouret dans la cuisine.   5. Tu ............... le plus vite dans la course.   6. Tu ............... chez nous la semaine prochaine, n'est-ce pas?   7. Tu ............... la vedette à l'aéroport.   8. Tu ............... une carte de Noël juste avant le vingt-cinq décembre.   9. Tu ............... la vaisselle ce soir.   10. Tu ............... entre la voiture bleue et la voiture rouge.

**D** Give the French for the following
1. you'll live   2. you'll laugh   3. you'll have dinner   4. you'll drink   5. you'll blush   6. you'll break   7. you'll say   8. you'll be   9. you'll follow   10. you'll believe

**E** Give the English for the following
1. tu vas revenir   2. tu vas recevoir   3. tu vas te reposer   4. tu vas regarder   5. tu vas saisir

**F** Give the French for the following
1. you're going to ask   2. you're going to sell   3. you're going to build   4. you're going to sit down   5. you're going to read

# CONDITIONAL TENSE

There is one English translation of this tense:
**tu jouerais** you would/you'd play
The ending is **-ais** for all verbs.

(a) Regular **-er** verbs:
add **-ais**

tu arriver<u>ais</u>
tu frapper<u>ais</u>
tu sauter<u>ais</u>

(b) Regular **-ir** verbs:
add **-ais**

tu finir<u>ais</u>
tu remplir<u>ais</u>
tu réussir<u>ais</u>

(c) Regular **-re** verbs:
remove **-e** and
add **-ais**

tu attendr<u>ais</u>
tu rendr<u>ais</u>
tu répondr<u>ais</u>

(d) Most irregular **-re** verbs: remove **-e** and add **-ais**

| | |
|---|---|
| tu battrais | tu lirais |
| tu boirais | tu mettrais |
| tu conduirais | tu plairais |
| tu connaîtrais | tu rendrais |
| tu craindrais | tu rirais |
| tu croirais | tu romprais |
| tu dirais | tu suivrais |
| tu écrirais | tu vivrais |

(e) Some irregular verbs

| | |
|---|---|
| tu irais (aller) | tu aurais (avoir) |
| tu serais (être) | tu saurais (savoir) |
| tu ferais (faire) | |
| | tu tiendrais (tenir) |
| tu courrais (courir) | tu viendrais (venir) |
| tu mourrais (mourir) | |
| tu pourrais (pouvoir) | tu devrais (devoir) |
| | tu recevrais (recevoir) |
| tu enverrais (envoyer) | |
| tu verrais (voir) | tu t'assiérais (s'asseoir) |
| | tu voudrais (vouloir) |

**A** Match the English to the French
1. tu arriverais    you would sit down
2. tu battrais    you would read
3. tu dirais    you would beat
4. tu lirais    you would arrive
5. tu verrais    you would make
6. tu serais    you would finish
7. tu ferais    you would say
8. tu irais    you would go
9. tu t'assiérais    you would see
10. tu finirais    you would be

**B** Give the English for the following
1. tu attendrais
2. tu répondrais
3. tu boirais
4. tu rirais
5. tu vivrais
6. tu viendrais
7. tu voudrais
8. tu sauterais
9. tu volerais
10. tu courrais

**C** Give the French for the following
1. you would fill
2. you would find
3. you would blush
4. you would break
5. you would drive
6. you would have
7. you would put
8. you would wear
9. you would jump
10. you would succeed

# Module 3 Il He/It Elle She/It
## On One/Someone/People/We

## PRESENT TENSE

There are three English translations of this tense.

**il joue**   he plays   or   he is/he's playing   or   he does play

Note that **il** is used for all examples.

**1** -e ending:

(a) Regular -er verbs

il coup<u>e</u>
il déjeun<u>e</u>
il téléphon<u>e</u>

(b) -er verbs which are irregular because of spelling changes

| | |
|---|---|
| il s'appelle (s'appeler) | il nettoie (nettoyer) |
| il s'ennuie (s'ennuyer) | il paie (payer) |
| il espère (espérer) | il préfère (préférer) |
| il essuie (essuyer) | il se promène (se promener) |
| il jette (jeter) | il répète (répéter) |
| il mène (mener) | |

**2** -it ending:

Regular -ir verbs

il chois<u>it</u>
il obé<u>it</u>
il réuss<u>it</u>

**3** -d ending:

(a) Regular -re verbs

il atten<u>d</u>
il per<u>d</u>
il répon<u>d</u>

(b) Some irregular verbs

| | |
|---|---|
| il apprend (apprendre) | il prend (prendre) |
| il comprend (comprendre) | il s'assied (s'asseoir) |

**4** -t ending:

Many irregular verbs

| | |
|---|---|
| il est (être) | il dit (dire) |
| | il écrit (écrire) |
| il connaît (connaître) | il lit (lire) |
| il fait (faire) | il rit (rire) |
| il sait (savoir) | il sourit (sourire) |

4 continued

| | | |
|---|---|---|
| Il boit (boire) | il court (courir) | il pleut (pleuvoir) |
| il croit (croire) | il dort (dormir) | il peut (pouvoir) |
| il doit (devoir) | il part (partir) | il veut (vouloir) |
| il reçoit (recevoir) | il sent (sentir) | |
| il voit (voir) | il sort (sortir) | il éteint (éteindre) |
| | | |
| il bat (battre) | il devient (devenir) | |
| il met (mettre) | il revient (revenir) | |
| il permet (permettre) | il tient (tenir) | |
| | il vient (venir) | |

**5** -a ending:

il va (aller)
il a (avoir)

**A** Match the English to the French

| 1. elle lit | 6. on traverse | she reads | she's putting |
|---|---|---|---|
| 2. il prend | 7. il peut | we do cross | he can |
| 3. on attend | 8. elle veut | he knows | we're waiting |
| 4. il sait | 9. il revient | he's coming back | she wants |
| 5. elle reçoit | 10. elle met | she receives | he takes |

**B** Give the three English translations for each of the following
1. il a   2. on va   3. elle ferme   4. il obéit   5. elle accompagne

**C** Complete each sentence with a verb which makes sense
1. Elle ............ le pain avec un couteau.   2. Il offre un cadeau à sa soeur. Elle
............ 'merci'.   3. On ............ le bus pour aller en ville.   4. Il se ............ les
cheveux.   5. Elle ............ beaucoup de cadeaux pour son anniversaire.   6. Il est
minuit et il ............ dans son lit.   7. Il aime le football mais il ............ le
tennis.   8. Elle ............ ses livres dans son sac.   9. Il ............ une maison à la
campagne.   10. Avant d'aller au travail il ............ un café au lait et mange des
tartines.

**D** Give the French for the following
1. he's writing   2. she watches   3. he allows   4. he does have lunch   5. she
finishes   6. he's throwing   7. he fills   8. they lead (on ............)   9. people
choose (on ............)   10. she is cleaning

## IMPERFECT TENSE   There are three English translations of this tense:

il jouait   he was playing  or  he used to play  or  he played (regularly and repeatedly in the past, e.g. all summer, every day)
Note that il is used for all examples.

**1** -ait ending:

(a) Regular -er verbs:
remove -er and add -ait

il cherchait
il jouait
il regardait

(b) -er verbs with c or g in
the stem have ç + ait and ge + ait

il prononçait
il mangeait
il voyageait

(c) Irregular -er verbs:
remove -er and add -ait

il s'ennuyait
il jetait
il se promenait

(d) Irregular ir verbs:
remove -ir and add -ait

il dormait
il ouvrait
il tenait

(e) Irregular -oir verbs:
remove -oir and add -ait

il avait
il pouvait
il savait

(f) Regular -re verbs:
remove -re and add -ait

il attendait
il interrompait
il rompait

(g) Some irregular -re verbs: remove -re and add -ait

il battait        il riait
il mettait        il suivait
il permettait     il vivait

Note the following change of accent   être→êt→ét→il était

(h) Most irregular -dre verbs:
remove -dre and add -ait

il apprenait
il comprenait
il prenait

(i) A few verbs add -ait to a stem
which has a spelling change

il s'asseyait (s'asseoir)   il écrivait (écrire)
il buvait (boire)           il voyait (voir)
il croyait (croire)

**2** -sait ending:

Some irregular -re verbs:
remove -re and add
-sait

il condui<u>sait</u>   il fai<u>sait</u>
il construi<u>sait</u>  il li<u>sait</u>
il cui<u>sait</u>     il tradui<u>sait</u>
il di<u>sait</u>

**3** -issait ending:

Regular -ir verbs:
remove -ir and add
-issait

il fin<u>issait</u>
il rempl<u>issait</u>
il réuss<u>issait</u>

**A** Match the English to the French
1. il menait        he was able
2. elle aidait      she was taking
3. on descendait   people were opening
4. elle prenait     she used to help
5. il croyait       he was leading
6. on perdait      people went down (repeatedly, in the past)
7. il pouvait       he used to believe
8. elle prononçait  she was pronouncing
9. on ouvrait     people used to lose
10. il allait        he was going

**B** Give the three English translations for each of the following
1. il payait  2. elle cherchait  3. on construisait  4. il se promenait

**C** Complete each sentence with a verb which makes sense
1. Il .............. tous les jours dans la mer.
2. On .............. la radio.
3. Elle .............. la télévision.
4. Il .............. le train de huit heures.
5. Elle .............. malade.
6. On .............. l'allemand à l'école.
7. Il .............. faire cela.
8. Elle .............. toujours de la maison avant midi.
9. Il .............. au tennis.
10. On .............. très longtemps le samedi matin.

**D** Give the French for the following
1. he was drinking      6. he had to
2. people used to write   7. she was leaving
3. she used to understand 8. people used to want
4. he used to run       9. he interrupted (repeatedly in the past)
5. she was holding     10. she was laughing

# PERFECT TENSE

There are three English translations of this tense:

**il a joué**   he played   or   he has/he's played   or   he did play

Note that **il** is used in all examples.

The six shapes are to help you to remember the different verb patterns. To form this tense, use the words in the small shape with any of the words in the large shape:

**il a + aidé = il a aidé**   he helped

**1** Regular **-er** verbs:

il a

| | |
|---|---|
| aidé | oublié |
| apporté | parlé |
| dépensé | pleuré |
| donné | ramassé |
| fermé | regardé |
| joué | travaillé |
| marché | trouvé |

**2** Regular **-ir** verbs:

il a

choisi
fini
puni
rempli
saisi

**3** Regular **-re** verbs:

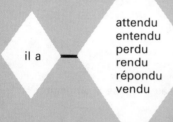

il a

attendu
entendu
perdu
rendu
répondu
vendu

**4** Irregular verbs:

il a

| | |
|---|---|
| | fait |
| | lu |
| | mis |
| | ouvert |
| bu | pris |
| conduit | reçu |
| couru | ri |
| dit | suivi |
| écrit | tenu |
| eu | vu |

**5** Sixteen special verbs:

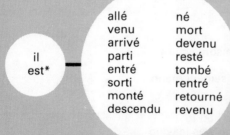

il est*

| | |
|---|---|
| allé | né |
| venu | mort |
| arrivé | devenu |
| parti | resté |
| entré | tombé |
| sorti | rentré |
| monté | retourné |
| descendu | revenu |

**6** Reflexive verbs:

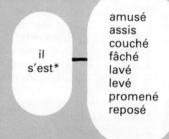

il s'est*

amusé
assis
couché
fâché
lavé
levé
promené
reposé

*For verb groups 5 and 6 add **e** to the past participle if a woman or girl is being spoken about:
Elle est sortie.   Elle s'est assise.

**A** Match the English to the French

| | | |
|---|---|---|
| 1. il a vu | he heard |
| 2. elle a pris | she has made |
| 3. on est allé | she got angry |
| 4. il s'est levé | he saw |
| 5. il a entendu | people had a good time |
| 6. elle a fermé | she has laughed |
| 7. on a perdu | he rested |
| 8. elle a fait | people went |
| 9. il s'est lavé | he got up |
| 10. elle s'est promenée | she did close |
| 11. on s'est amusé | she went for a walk |
| 12. il a saisi | she has taken |
| 13. elle a ri | he grabbed |
| 14. il est resté | she fell |
| 15. elle s'est fâchée | he did choose |
| 16. elle est tombée | people have lost |
| 17. il est retourné | he got washed |
| 18. il s'est reposé | he went back |
| 19. on a mis | he has stayed |
| 20. il a choisi | people put |

**B** Fill in each gap and give an English translation. Begin each one with **il**

1. .......... couru  2. .......... couché  3. .......... parlé  4. .......... conduit
5. .......... apporté  6. .......... assis  7. .......... répondu  8. .......... arrivé
9. .......... venu  10. .......... lu

**C** Give the French for the following. Begin with **il, elle** or **on** as indicated

☐ 1. he has spent  2. she helped  3. he gave  4. people did forget  5. she walked

△ 1. she finished  2. she has filled  3. he grabbed  4. people chose  5. he has punished

◇ 1. he waited  2. he heard  3. she has lost  4. he gave back  5. she has answered

⬠ 1. she had  2. she drank  3. he did follow  4. people saw  5. he has said

○ 1. he went in  2. she came back home  3. he has left  4. people went up  5. she has come down

∪ 1. she had a good time  2. she has gone to bed  3. people got angry  4. he got washed  5. he did get up

**D** Look at the following sentences about Alain. Rewrite them in the appropriate form referring to Anne-Marie

1. Il s'est lavé.
2. Il est parti.
3. Il s'est assis.
4. Il est tombé.
5. Il a ri.
6. Il s'est promené.
7. Il est arrivé.
8. Il a demandé.
9. Il est revenu.
10. Il s'est couché.

# PLUPERFECT TENSE

There is one English translation of this tense:

il avait joué    he had/he'd played

Note that il is used in all examples.

The six shapes are to help you remember the different verb patterns. To form this tense use the words in the small shape with any of the words in the large shape:

il avait + marché = il avait marché    he had walked

**1** Regular -er verbs:

il avait

| | |
|---|---|
| aidé | oublié |
| apporté | parlé |
| dépensé | pleuré |
| donné | ramassé |
| fermé | regardé |
| joué | travaillé |
| marché | trouvé |

**2** Regular -ir verbs:

il avait

choisi
fini
puni
rempli
saisi

**3** Regular -re verbs:

il avait

attendu
entendu
perdu
rendu
répondu
vendu

**4** Irregular verbs:

il avait

| | |
|---|---|
| | fait |
| | lu |
| | mis |
| | ouvert |
| bu | pris |
| conduit | reçu |
| couru | ri |
| dit | suivi |
| écrit | tenu |
| eu | vu |

**5** Sixteen special verbs:

il était*

| | |
|---|---|
| allé | né |
| venu | mort |
| arrivé | devenu |
| parti | resté |
| entré | tombé |
| sorti | rentré |
| monté | retourné |
| descendu | revenu |

**6** Reflexive verbs:

il s'était*

amusé
assis
couché
fâché
lavé
levé
promené
reposé

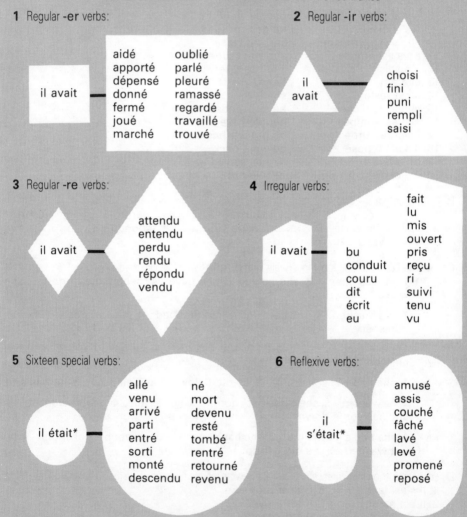

*For verb groups 5 and 6, add e to the past participle if a woman or girl is being spoken about:
Elle était tombée.    Elle s'était fâchée.

**A** Match the English to the French

1. il avait trouvé      he had arrived
2. il avait traversé      he had got angry
3. il avait oublié      he had crossed
4. il avait fini      he had finished
5. il avait perdu      he had read
6. il avait lu      he had taken
7. il avait pris      he had lost
8. il était descendu      he had gone down
9. il était arrivé      he had found
10. il s'était fâché      he had forgotten

**B** Fill in each gap with **il avait**, **il était** or **il s'était** and give the English

1. ............ vendu    2. ............ marché    3. ............ regardé    4. ............ vu
5. ............ fait    6. ............ allé    7. ............ dit    8. ............ sorti
9. ............ choisi    10. ............ conduit    11. ............ joué    12. ............
demandé    13. ............ couché    14. ............ promené    15. ............ resté

**C** Give the French for the following

☐    1. she had helped    2. she had given    3. someone had closed    4. she had worked    5. someone had rung

△    1. she had filled    2. she had finished    3. she had seized    4. people had chosen    5. she had punished

◇    1. she had waited    2. people had lost    3. she had sold    4. she had heard 5. she had replied

⌂    1. she had drunk    2. she had had    3. one had followed    4. she had received    5. she had put

○    1. she had arrived    2. she had fallen    3. she had gone    4. she had returned    5. she had stayed

◗    1. she had gone for a walk    2. she had sat down    3. she had rested    4. she had gone to bed    5. she had had a good time

**D** Look at the following sentences about Jacques. Rewrite them in the appropriate form referring to Hélène

1. Il était parti à dix heures.
2. Il était allé à l'hôpital.
3. Il s'était promené au bord de la mer.
4. Il avait dit, 'Au revoir.'
5. Il s'était lavé dans la salle de bain.

# FUTURE TENSE

**1** 'Going to' future

There is one English translation of this construction:
**il va jouer**  he's going to play
To form this construction put **il va** in front of any infinitive:

| il va | devenir<br>finir<br>s'en aller<br>se reposer |
|---|---|

Note that **il** is used for all examples.

**2** Future

There is one English translation of this tense:
**il jouera**  he will/he'll play
The ending is **-a** for all verbs.

(a) Regular **-er** verbs:
add -**a**

il arrive**a**
il étudier**a**
il porter**a**

(b) Regular **-ir** verbs:
add -**a**

il rempli**a**
il réussir**a**
il rougi**a**

(c) Regular **-re** verbs:
remove -**e** and
add -**a**

il rend**a**
il attend**a**
il vend**a**

(d) Most irregular **-re** verbs: remove -**e** and add -**a**

| | |
|---|---|
| il battra | il lira |
| il boira | il mettra |
| il conduira | il plaira |
| il connaîtra | il rendra |
| il craindra | il rira |
| il croira | il rompra |
| il dira | il suivra |
| il écrira | il vivra |

## (e) Some irregular verbs

| | |
|---|---|
| il ira (aller) | il aura (avoir) |
| il sera (être) | il saura (savoir) |
| il fera (faire) | il tiendra (tenir) |
| il courra (courir) | il viendra (venir) |
| il mourra (mourir) | |
| il pourra (pouvoir) | il devra (devoir) |
| | il recevra (recevoir) |
| il enverra (envoyer) | |
| il verra (voir) | il s'assiéra (s'asseoir) |
| | il voudra (vouloir) |

**A** Match the English to the French

| 1. il étudiera | 6. elle racontera | he'll arrive | he'll study |
| 2. elle verra | 7. on vendra | she'll knock | people will choose |
| 3. il arrivera | 8. elle frappera | people will sell | she'll send |
| 4. on choisira | 9. il attendra | she'll see | he'll wait |
| 5. elle enverra | 10. on sera | people will be | she'll tell |

**B** Give the English for the following
1. elle sautera  2. il obéira  3. on s'assiéra'  4. il battra  5. elle craindra

**C** Fill in each gap with the future tense of a verb which makes sense
1. Il ............... le journal.  2. Le professeur ............... les devoirs demain.
3. Il ............... les fleurs dans le vase.  4. Elle ............... du café avec du sucre.  5. On ............... en ville en autobus.  6. Elle ............... heureuse de vous revoir.  7. Il ............... sa motocyclette avant d'acheter une voiture.  8. On ............... en retard au théâtre.  9. Il ............... le musée sans difficulté avec le plan de la ville.  10. Elle vous ............... un gâteau pour votre anniversaire.

**D** Give the French for the following
1. he'll come  2. she'll break  3. people will have a good time  4. he'll be able  5. she'll build  6. people will send  7. she'll find  8. he'll know  9. she'll succeed  10. people will want

**E** Give the English for the following
1. il va rester ici  2. elle va plonger  3. on va rentrer  4. elle va devenir  5. on va revenir

**F** Give the French for the following
1. she's going to fall  2. he's going to answer  3. she's going to get washed  4. people are going to watch  5. he's going to finish

# CONDITIONAL TENSE

There is one English translation of this tense:
**il jouerait**   he would/he'd play
The ending is **-ait** for all verbs.
Note that **il** is used for all examples.

(a) Regular **-er** verbs:
add **-ait**

il dîner<u>ait</u>
il porter<u>ait</u>
il trouver<u>ait</u>

(b) Regular **-ir** verbs:
add **-ait**

il choisir<u>ait</u>
il obéir<u>ait</u>
il rougir<u>ait</u>

(c) Regular **-re** verbs:
remove **-e** and
add **-ait**

il rendr<u>ait</u>
il répondr<u>ait</u>
il vendr<u>ait</u>

(d) Most irregular **-re** verbs: remove **-e** and add **-ait**

| | |
|---|---|
| il battrait | il lirait |
| il boirait | il mettrait |
| il conduirait | il plairait |
| il connaîtrait | il rendrait |
| il craindrait | il rirait |
| il croirait | il romprait |
| il dirait | il suivrait |
| il écrirait | il vivrait |

(e) Some irregular verbs

| | |
|---|---|
| il irait (aller) | il aurait (avoir) |
| il serait (être) | il saurait (savoir) |
| il ferait (faire) | |
| | il tiendrait (tenir) |
| il courrait (courir) | il viendrait (venir) |
| il mourrait (mourir) | |
| il pourrait (pouvoir) | il devrait (devoir) |
| | il recevrait (recevoir) |
| il enverrait (envoyer) | |
| il verrait (voir) | il s'assiérait (s'asseoir) |
| | il voudrait (vouloir) |

**A** Match the English to the French
1. il finirait        he would go
2. il frapperait    he would sell
3. il vendrait      he would run
4 il mettrait       he would put
5. il suivrait       he would like
6. il courrait      he would hit
7. il saurait      he would follow
8. il voudrait     he would come
9. il irait         he would know
10. il viendrait    he would finish

**B** Give the English for the following
1. elle arriverait
2. elle sauterait
3. elle rirait
4. elle rendrait
5. elle ferait
6. elle tiendrait
7. elle serait
8. elle recevrait
9. elle s'assiérait
10. elle boirait

**C** Give the French for the following
1. she would arrive
2. she would wear
3. she would find
4. she would obey
5. he would write
6. he would see
7. she would tell
8. she would study
9. she would fill
10. he would wait

# Module 4 **Nous** We

**PRESENT TENSE** There are three English translations of this tense:

nous jouons   we play   or   we are playing/we're playing   or   we do play

**1** -ons ending:

(a) All regular
-er verbs

nous aim<u>ons</u>
nous ferm<u>ons</u>
nous rest<u>ons</u>

(b) -er verbs with **c** or **g** in the stem have **ç + ons** or **ge + ons**

| | | |
|---|---|---|
| nous commen<u>çons</u> | nous chan<u>geons</u> | nous na<u>geons</u> |
| nous pronon<u>çons</u> | nous ju<u>geons</u> | nous son<u>geons</u> |
| | nous man<u>geons</u> | nous voya<u>geons</u> |

(c) -er verbs normally irregular because of spelling changes are regular in the **nous** form

| | |
|---|---|
| nous nous appelons | nous jetons |
| nous nous ennuyons | nous menons |
| nous envoyons | nous nettoyons |
| nous espérons | nous payons |
| nous essayons | nous préférons |
| nous essuyons | nous nous promenons |

(d) All regular
-re verbs

nous entend<u>ons</u>
nous rend<u>ons</u>
nous vend<u>ons</u>

(e) Most irregular verbs

| | |
|---|---|
| nous allons (aller) | nous buvons (boire) |
| nous avons (avoir) | nous croyons (croire) |
| | nous connaissons (connaître) |
| nous conduisons (conduire) | nous écrivons (écrire) |
| nous disons (dire) | nous éteignons (éteindre) |
| nous faisons (faire) | nous nous asseyons (s'asseoir) |
| nous lisons (lire) | nous voyons (voir) |
| nous devons (devenir) | |
| nous revenons (revenir) | nous battons (battre) |
| nous tenons (tenir) | nous mettons (mettre) |
| nous venons (venir) | nous permettons (permettre) |

1(e) continued

nous rions (rire)
nous sourions (sourire)
nous devons (devoir)
nous pouvons (pouvoir)
nous recevons (recevoir)
nous savons (savoir)
nous voulons (vouloir)
nous suivons (suivre)

nous courons (courir)
nous dormons (dormir)
nous partons (partir)
nous sentons (sentir)
nous sortons (sortir)
nous apprenons (apprendre)
nous comprenons (comprendre)
nous prenons (prendre)

**2** -issons ending:

All -ir verbs

nous bâtissons
nous finissons
nous remplissons

**3** Other:

nous sommes (être)

**A** Match the English to the French
1. nous attendons
2. nous vendons
3. nous empruntons
4. nous espérons
5. nous restons
6. nous commençons
7. nous payons
8. nous nous asseyons
9. nous mettons
10. nous choisissons

we are staying
we borrow
we are beginning
we're selling
we are putting

we wait
we hope
we sit down
we do pay
we choose

**B** Give the three English translations for each of the following
1. nous envoyons  2. nous fermons  3. nous rendons  4. nous écrivons

**C** Complete each sentence with a verb which makes sense
1. Nous ............... à l'hotel pour réserver une chambre.  2. Nous ...............
en deuxième classe.  3. Nous ............... dans la piscine.  4. Nous ...............
nos chaussures parce qu'elles sont sales.  5. Nous ............... un livre sur
le sport.  6. Nous ............... un homme qui habite une maison dans la
ville.  7. Nous ............... bien le français si on parle lentement.  8. À la fin de la
journée nous ............... très fatigués.  9. Nous ............... une petite maison
en ville.  10. Nous ............... du thé au lait le matin.

**D** Give the French for the following
1. we close  2. we're taking  3. we do go  4. we're driving  5. we succeed  6. we
want  7. we're leaving  8. we're eating  9. we do forget  10. we prefer

**IMPERFECT TENSE** There are three English translations of this tense:
nous jouions we were playing or we used to play or we played
(regularly and repeatedly in the past, e.g. all summer, every day)

**1** -ions ending:

(a) Regular -er verbs:
remove -er and add -ions

> nous demand**ions**
> nous march**ions**
> nous travaill**ions**

(b) -er verbs with c or g in
the stem behave regularly

> nous prononc**ions**
> nous jug**ions**
> nous song**ions**

(c) Irregular -er verbs:
remove -er and add -ions

> nous envoy**ions**
> nous men**ions**
> nous répét**ions**

(d) Irregular -ir verbs:
remove -ir and add -ions

> nous deven**ions**
> nous offr**ions**
> nous reven**ions**

(e) Irregular -oir verbs:
remove -oir and add -ions

> nous dev**ions**
> nous recev**ions**
> nous voul**ions**

(f) Regular -re verbs:
remove -re and add -ions

> nous descend**ions**
> nous perd**ions**
> nous vend**ions**

(g) Some irregular -re verbs: remove -re and add -ions

> nous batt**ions**
> nous mett**ions**
> nous permett**ions**
> nous ri**ions**
> nous suiv**ions**

Note the following change of accent  être→êt→ét→nous étions

(h) Most irregular -dre verbs: remove -dre and add -ions

> nous appren**ions**
> nous compren**ions**
> nous pren**ions**

(i) A few verbs add **-ions** to a stem which has a spelling change

> nous nous asse**yions** (s'asseoir)   nous écri**vions** (écrire)
> nous bu**vions** (boire)   nous vo**yions** (voir)
> nous cro**yions** (croire)

**2** **-sions** ending:

Some irregular **-re** verbs:
remove **-re** and add
**-sions**

> nous condui**sions**   nous fai**sions**
> nous construi**sions**   nous li**sions**
> nous di**sions**   nous tradui**sions**

**3** **-issions** ending:

Regular **-ir** verbs:
remove **-ir** and add
**-issions**

> nous bât**issions**
> nous obé**issions**
> nous roug**issions**

**A** Match the English to the French
1. nous espérions   we used to cover
2. nous avions   we were waiting
3. nous couvrions   we were called
4. nous quittions   we used to have
5. nous menions   we left (repeatedly in the past)
6. nous obtenions   we were hoping
7. nous travaillions   we used to obtain
8. nous rougissions   we were working
9. nous attendions   we led (repeatedly in the past)
10. nous nous appelions   we used to blush

**B** Give the three English translations for each of the following
1. nous demandions   2. nous pouvions   3. nous rompions   4. nous allions

**C** Complete each sentence with a verb which makes sense
1. Nous ............... dix fois la même phrase.   2. Nous ............... un nouveau disque à la radio.   3. Nous ............... la voiture pour Papa.   4. Nous ............... au soleil dans le jardin.   5. Nous ............... les papiers par terre.   6. Nous ............... trop jeunes.   7. Nous ............... des cadeaux de Noël à tous nos amis.   8. Nous ............... de dix heures du soir à huit heures du matin.   9. Nous ............... en Père Noël.   10. Nous ............... la musique pop.

**D** Give the French for the following
1. we used to make   2. we were drinking   3. we took (repeatedly)   4. we were opening   5. we used to lie   6. we were helping   7. we used to be bored   8. we used to want   9. we used to know   10. we received (repeatedly)

# PERFECT TENSE

There are three English translations of this tense:

**nous avons joué** we played or we have/we've played or we did play

The six shapes are to help you remember the different verb patterns. To form this tense use the words in the small shape with any of the words in the large shape:

**nous avons + regardé = nous avons regardé** we looked

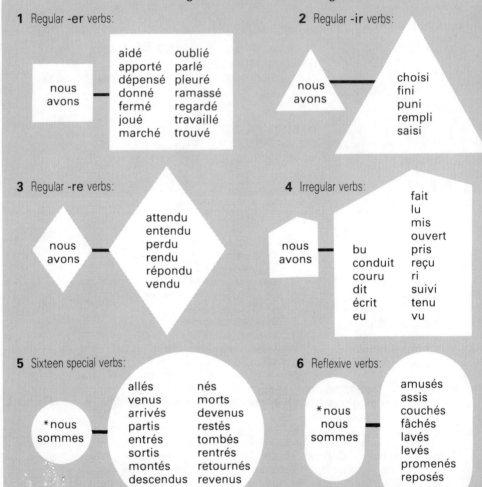

**1** Regular **-er** verbs:

nous avons

| aidé | oublié |
| apporté | parlé |
| dépensé | pleuré |
| donné | ramassé |
| fermé | regardé |
| joué | travaillé |
| marché | trouvé |

**2** Regular **-ir** verbs:

nous avons

choisi
fini
puni
rempli
saisi

**3** Regular **-re** verbs:

nous avons

attendu
entendu
perdu
rendu
répondu
vendu

**4** Irregular verbs:

nous avons

| bu | fait |
| conduit | lu |
| couru | mis |
| dit | ouvert |
| écrit | pris |
| eu | reçu |
| | ri |
| | suivi |
| | tenu |
| | vu |

**5** Sixteen special verbs:

*nous sommes

| allés | nés |
| venus | morts |
| arrivés | devenus |
| partis | restés |
| entrés | tombés |
| sortis | rentrés |
| montés | retournés |
| descendus | revenus |

**6** Reflexive verbs:

*nous nous sommes

amusés
assis
couchés
fâchés
lavés
levés
promenés
reposés

*For verb groups 5 and 6, the past participle must have the ending **-es** instead of **-s** (except for **assis**, which becomes **assises**) if more than one woman or girl is speaking:

Hélène et Monique disent, 'Nous sommes parties.' 'Nous nous sommes reposées.'

**A** Match the English to the French

| | |
|---|---|
| 1. nous sommes allés | we've written |
| 2. nous avons écrit | we went down |
| 3. nous nous sommes assis | we got washed |
| 4. nous avons eu | we answered |
| 5. nous sommes descendus | we sat down |
| 6. nous avons oublié | we've received |
| 7. nous nous sommes lavés | we got angry |
| 8. nous avons fini | we've crossed |
| 9. nous avons reçu | we've had |
| 10. nous sommes partis | we did go |
| 11. nous avons pris | we've finished |
| 12. nous avons traversé | we've forgotten |
| 13. nous nous sommes fâchés | we've taken |
| 14. nous sommes restés | we've stayed |
| 15. nous avons répondu | we found |
| 16. nous avons trouvé | we were born |
| 17. nous sommes nés | we left |

**B** Fill in each gap and give an English translation. Begin each one with **nous**
1. ................. attendu  2. ................. vu  3. ................. rentrés
4. ................. couchés  5. ................. entendu  6. ................. choisi
7. ................. sortis  8. ................. promenés  9. ................. amusés
10. ................. eu

**C** Give the French for the following

☐ 1. we brought  2. we gave  3. we have picked up  4. we did phone  5. we have shut

△ 1. we did finish  2. we grabbed  3. we have chosen  4. we filled  5. we punished

◇ 1. we waited  2. we have lost  3. we did answer  4. we heard  5. we gave back

⬠ 1. we have received  2. we ran  3. we have put  4. we did  5. we opened

◯ 1. we became  2. we arrived  3. we did come  4. we came in  5. we have come back home

◡ 1. we had a good time  2. we did rest  3. we have been for a walk  4. we got washed  5. we went to bed

**D** Look at the following sentences said by Pierre and Bernard. Rewrite them in the appropriate form as said by Elaine and Isabelle
1. Nous nous sommes promenés.　6. Nous sommes restés.
2. Nous sommes montés.　7. Nous sommes revenus.
3. Nous nous sommes fâchés.　8. Nous avons fini.
4. Nous avons oublié.　9. Nous sommes tombés.
5. Nous nous sommes levés.　10. Nous nous sommes reposés.

# PLUPERFECT TENSE
There is one English translation of this tense:

nous avions joué   we had/we'd played

The six shapes are to help you remember the different verb patterns. To form this tense use the words in the small shape with any of the words in the large shape:

nous avions + sonné = nous avions sonné   we had rung

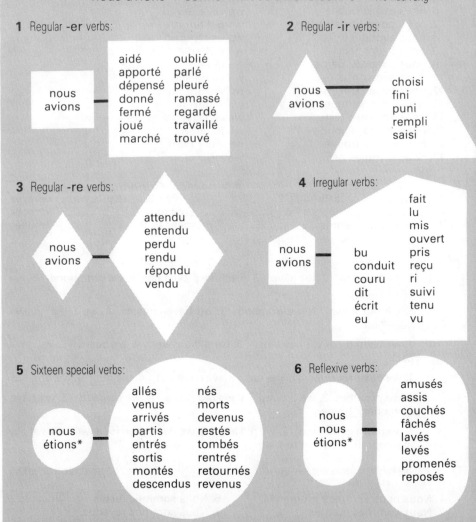

**1** Regular -er verbs:

nous avions

| | |
|---|---|
| aidé | oublié |
| apporté | parlé |
| dépensé | pleuré |
| donné | ramassé |
| fermé | regardé |
| joué | travaillé |
| marché | trouvé |

**2** Regular -ir verbs:

nous avions

choisi
fini
puni
rempli
saisi

**3** Regular -re verbs:

nous avions

attendu
entendu
perdu
rendu
répondu
vendu

**4** Irregular verbs:

nous avions

| | |
|---|---|
| | fait |
| | lu |
| | mis |
| | ouvert |
| bu | pris |
| conduit | reçu |
| couru | ri |
| dit | suivi |
| écrit | tenu |
| eu | vu |

**5** Sixteen special verbs:

nous étions*

| | |
|---|---|
| allés | nés |
| venus | morts |
| arrivés | devenus |
| partis | restés |
| entrés | tombés |
| sortis | rentrés |
| montés | retournés |
| descendus | revenus |

**6** Reflexive verbs:

nous nous étions*

amusés
assis
couchés
fâchés
lavés
levés
promenés
reposés

*For verb groups 5 and 6, the past participle must have the ending -es instead of -s (except for assis, which becomes assises) if more than one woman or girl is speaking:
Hélène et Françoise disent, 'Nous étions sorties.'   'Nous nous étions promenées.'

**A** Match the English to the French

1. nous avions marché     we had played
2. nous avions pleuré     we had finished
3. nous avions fini     we had walked
4. nous avions suivi     we had sat down
5. nous avions rendu     we had sold
6. nous avions vendu     we had gone up
7. nous nous étions assis     we had cried
8. nous étions montés     we had followed
9. nous nous étions reposés     we had rested
10. nous avions joué     we had given back

**B** Fill in each gap with **nous avions, nous étions** or **nous nous étions** and give the English

1. ................. aidé   2. ................. perdu   3. ................. mis
4. ................. rempli   5. ................. répondu   6. ................. saisi
7. ................. rentrés   8. ................. arrivés   9. ................. amusés
10. ................. lavés   11. ................. venus   12. ................. dit
13. ................. pris   14. ................. regardé   15. ................. demandé

**C** Give the French for the following

☐ 1. we had won   2. we had telephoned   3. we had picked up   4. we had given   5. we had brought

△ 1. we had chosen   2. we had seized   3. we had filled   4. we had punished   5. we had finished

◇ 1. we had heard   2. we had sold   3. we had lost   4. we had given back   5. we had waited

⬠ 1. we had done   2. we had laughed   3. we had driven   4. we had drunk   5. we had read

○ 1. we had returned   2. we had become   3. we had left   4. we had gone   5. we had stayed

◡ 1. we had got up   2. we had sat down   3. we had gone to bed   4. we had had a good time   5. we had rested

**D** Look at the following sentences said by Pierre and Antoine. Rewrite them in the appropriate form as said by Elaine and Isabelle

1. Nous étions tombés.   2. Nous nous étions reposés.   3. Nous étions allés.   4. Nous étions restés.   5. Nous avions parlé.

# FUTURE TENSE

**1** 'Going to' future

There is one English translation of this construction:

**nous allons jouer**   we're going to play

To form this construction put **nous allons** in front of any infinitive:

| | |
|---|---|
| nous allons | devenir |
| | finir |
| | nous en aller |
| | nous reposer |

**2** Future

There is one English translation of this tense:

**nous jouerons**   we will/we'll play

The ending is **-ons** for all verbs

(a) Regular **-er** verbs: add **-ons**

nous dîner<u>ons</u>
nous porter<u>ons</u>
nous trouver<u>ons</u>

(b) Regular **-ir** verbs: add **-ons**

nous bâtir<u>ons</u>
nous finir<u>ons</u>
nous remplir<u>ons</u>

(c) Regular **-re** verbs: remove **-e** and add **-ons**

nous rendr<u>ons</u>
nous répondr<u>ons</u>
nous vendr<u>ons</u>

(d) Most irregular **-re** verbs: remove **-e** and add **-ons**

| | |
|---|---|
| nous battrons | nous lirons |
| nous boirons | nous mettrons |
| nous conduirons | nous plairons |
| nous connaîtrons | nous rendrons |
| nous craindrons | nous rirons |
| nous croirons | nous romprons |
| nous dirons | nous suivrons |
| nous écrirons | nous vivrons |

(e) Some irregular verbs

nous irons (aller)
nous serons (être)
nous ferons (faire)

nous courrons (courir)
nous mourrons (mourir)
nous pourrons (pouvoir)

nous enverrons (envoyer)
nous verrons (voir)

nous aurons (avoir)
nous saurons (savoir)

nous tiendrons (tenir)
nous viendrons (venir)

nous devrons (devoir)
nous recevrons (recevoir)

nous nous assiérons (s'asseoir)
nous voudrons (vouloir)

**A** Match the English to the French
1. nous courrons
2. nous finirons
3. nous lirons
4. nous tiendrons
5. nous romprons
6. nous dirons
7. nous irons
8. nous pourrons
9. nous sauterons
10. nous arriverons

we'll jump   we'll go
we'll finish   we'll run
we'll break   we'll hold
we'll read   we'll be able
we'll say   we'll arrive

**B** Give the English for the following
1. nous répondrons   2. nous viendrons   3. nous vivrons   4. nous devrons   5. nous recevrons

**C** Fill in each gap with the future tense of a verb which makes sense
1. Nous ................... le film au cinéma demain.   2. Nous ................... chez toi vers huit heures.   3. Nous ................... nos légumes au marché ce samedi.
4. Nous ................... une fête chez nous pour son anniversaire.   5. Nous ................... un château de sable à la plage.   6. Nous ................... par terre dans le salon devant la télévision.   7. Nous ................... la carafe d'eau avant le dîner.   8. Nous ................... à nos parents et à nos professeurs.   9. Nous ................... fatigués après la promenade à la campagne.   10. Nous ................... besoin d'une nouvelle voiture l'année prochaine.

**D** Give the French for the following
1. we'll go   2. we'll know   3. we'll choose   4. we'll succeed   5. we'll find   6. we'll die   7. we'll send   8. we'll have to   9. we'll study   10. we'll have dinner

**E** Give the English for the following
1. nous allons danser   2. nous allons conduire   3. nous allons suivre   4. nous allons nous coucher   5. nous allons recevoir

**F** Give the French for the following
1. we're going to study   2. we're going to run   3. we're going to wait   4. we're going to finish   5. we're going to have a rest

# CONDITIONAL TENSE

There is one English translation of this tense:

**nous jouerions**   we would/we'd play

The ending is **-ions** for all verbs

(a) Regular **-er** verbs:
add **-ions**

nous étudier<u>ions</u>
nous raconter<u>ions</u>
nous voler<u>ions</u>

(b) Regular **-ir** verbs:
add **-ions**

nous obéir<u>ions</u>
nous rougir<u>ions</u>
nous réussir<u>ions</u>

(c) Regular **-re** verbs:
remove **-e** and
add **-ions**

nous attendr<u>ions</u>
nous rendr<u>ions</u>
nous vendr<u>ions</u>

(d) Most irregular **-re** verbs: remove **-e** and add **-ions**

| | |
|---|---|
| nous battrions | nous lirions |
| nous boirions | nous mettrions |
| nous conduirions | nous plairions |
| nous connaîtrions | nous rendrions |
| nous craindrions | nous ririons |
| nous croirions | nous romprions |
| nous dirions | nous suivrions |
| nous écririons | nous vivrions |

(e) Some irregular verbs

| | |
|---|---|
| nous irions (aller) | nous aurions (avoir) |
| nous serions (être) | nous saurions (savoir) |
| nous ferions (faire) | |
| | nous tiendrions (tenir) |
| nous courrions (courir) | nous viendrions (venir) |
| nous mourrions (mourir) | |
| nous pourrions (pouvoir) | nous devrions (devoir) |
| | nous recevrions (recevoir) |
| nous enverrions (envoyer) | |
| nous verrions (voir) | nous nous assiérions (s'asseoir) |
| | nous voudrions (vouloir) |

**A** Match the English to the French
1. nous trouverions   we would send
2. nous ririons   we would laugh
3. nous suivrions   we would choose
4. nous choisirions   we would finish
5. nous finirions   we would jump
6. nous lirions   we would drive
7. nous mettrions   we would put
8. nous sauterions   we would find
9. nous conduirions   we would follow
10. nous enverrions   we would read

**B** Give the English for the following
1. nous arriverions
2. nous écririons
3. nous enverrions
4. nous courrions
5. nous viendrions
6. nous serions
7. nous ferions
8. nous aurions
9. nous recevrions
10. nous dirions

**C** Give the French for the following
1. we would wait
2. we would sit down
3. we would study
4. we would succeed
5. we would go
6. we would drink
7. we would live
8. we would have dinner
9. we would say
10. we would hold

# Module 5 **Vous** You (Singular and Plural)

## PRESENT TENSE

There are three English translations of this tense:

**vous jouez**   you play   or   you are/you're playing   or   you do play

**1** -ez ending:

(a) All regular -er verbs

vous habit<u>ez</u>
vous mont<u>rez</u>
vous travers<u>ez</u>

(b) -er verbs which are normally irregular because of spelling changes are regular in the **vous** form

| | | |
|---|---|---|
| vous vous appelez | vous essuyez | vous payez |
| vous vous ennuyez | vous jetez | vous préférez |
| vous envoyez | vous menez | vous vous promenez |
| vous espérez | vous nettoyez | vous répétez |
| vous essayez | | |

(c) All regular -re verbs

vous attend<u>ez</u>
vous perd<u>ez</u>
vous répond<u>ez</u>

(d) Most irregular verbs

vous allez (aller)
vous avez (avoir)

vous lisez (lire)
vous conduisez (conduire)

vous devenez (devenir)
vous revenez (revenir)
vous tenez (tenir)
vous venez (venir)

vous riez (rire)
vous souriez (sourire)

vous devez (devoir)
vous pouvez (pouvoir)
vous recevez (recevoir)
vous savez (savoir)
vous voulez (vouloir)

vous suivez (suivre)

vous buvez (boire)
vous croyez (croire)
vous connaissez (connaître)
vous écrivez (écrire)
vous éteignez (éteindre)
vous vous asseyez (s'asseoir)
vous voyez (voir)

vous battez battre)
vous mettez (mettre)
vous permettez (permettre)

vous apprenez (apprendre)
vous comprenez (comprendre)
vous prenez (prendre)

vous courez (courir)
vous dormez (dormir)
vous partez (partir)
vous sentez (sentir)
vous sortez (sortir)

**2** -issez ending:

All regular -ir
verbs

vous bâtissez
vous rougissez
vous réussissez

**3** Other:

Three irregular
verbs

vous dites (dire)
vous êtes (être)
vous faites (faire)

**A** Match the English to the French

| | | | |
|---|---|---|---|
| 1. vous dites | 6. vous oubliez | you're swimming | you're cutting |
| 2. vous habitez | 7. vous nagez | you must | you do read |
| 3. vous vendez | 8. vous lisez | you lead | you live |
| 4. vous devez | 9. vous menez | you do sell | you're filling |
| 5. vous coupez | 10. vous remplissez | you forget | you say |

**B** Give the three English translations for each of the following
1. vous tenez  2. vous vous brossez  3. vous fermez  4. vous jetez  5. vous essayez

**C** Complete each sentence with a verb which makes sense
1. Vous ............ André.  2. Vous ............ vingt francs parce que vous n'avez pas assez d'argent.  3. Vous ............ autour du lac dans le parc. 4. Vous ............ le dimanche parce que vous n'avez pas de passe-temps.  5. Vous ............ les jolies photos de vos vacances à vos amis.  6. Vous ............ quand le photographe prend votre photo.  7. Vous ............ le panier de pommes dans le jardin. 8. Vous ............ du vin le soir au dîner.  9. Vous ............ le fromage avec un canif.  10. Vous ............ deux chats et un poisson rouge.

**D** Give the French for the following
1. you are  2. you're choosing  3. you hear  4. you hope  5. you do know 6. you're thinking  7. you pay  8. you're smiling  9. you get bored  10. you're holding

# IMPERFECT TENSE

There are three English translations of this tense:

**vous jouiez**   you were playing   or   you used to play   or   you played (regularly and repeatedly in the past, e.g. all summer, every day)

**1** -iez ending:

(a) Regular -er verbs:
remove -er and add -iez

> vous attrap**iez**
> vous entr**iez**
> vous quitt**iez**

(b) -er verbs with c or g in the stem behave regularly

> vous commenc**iez**
> vous chang**iez**
> vous nag**iez**

(c) Irregular -er verbs:
remove -er and add -iez

> vous espér**iez**
> vous nettoy**iez**
> vous pay**iez**

(d) Irregular -ir verbs:
remove -ir and add -iez

> vous couvr**iez**
> vous obten**iez**
> vous sort**iez**

(e) Irregular -oir verbs:
remove -oir and add -iez

> vous av**iez**
> vous pouv**iez**
> vous sav**iez**

(f) Regular -re verbs:
remove -re and add -iez

> vous attend**iez**
> vous interromp**iez**
> vous romp**iez**

(g) Some irregular -re verbs: remove -re and add -iez

> vous batt**iez**       vous ri**iez**
> vous mett**iez**       vous suiv**iez**
> vous permett**iez**   vous viv**iez**

Note the following change of accent

> être→êt→ét→vous ét**iez**

(h) Most irregular -dre verbs: remove -dre and add -iez

> vous appren**iez**
> vous compren**iez**
> vous pren**iez**

(i) A few verbs add **-iez** to a stem which has a spelling change

> vous vous asseyiez (s'asseoir)  vous écriviez (écrire)
> vous buviez (boire)  vous voyiez (voir)
> vous croyiez (croire)

## 2 -siez ending:

Some irregular verbs: remove **-re** and add **-siez**

> vous conduisiez  vous faisiez
> vous contruisiez  vous lisiez
> vous cuisiez  vous traduisiez
> vous disiez

## 3 -issiez ending:

Regular **-ir** verbs: remove **-ir** and add **-issiez**

> vous choisissiez
> vous remplissiez
> vous réussissiez

**A** Match the English to the French

1. vous battiez     you used to believe
2. vous remplissiez     you were filling
3. vous ouvriez     you saw (repeatedly in the past)
4. vous vendiez     you were
5. vous commenciez     you used to beat
6. vous croyiez     you were laughing
7. vous teniez     you used to open
8. vous étiez     you were beginning
9. vous voyiez     you held (repeatedly in the past)
10. vous riiez     you used to sell

**B** Give the three English translations for each of the following
1. vous espériez   2. vous veniez   3. vous perdiez   4. vous mettiez   5. vous jouiez

**C** Complete each sentence with a verb which makes sense
1. Vous ............ du pain et du café. 2. Vous ............ dans la mer.
3. Vous ............ italien et espagnol. 4. Vous ............ l'escalier du premier étage au rez-de-chaussée. 5. Vous ............ mal à l'estomac. 6. Vous ............ de la bière. 7. Vous ............ le long de la rue. 8. Vous ............ le train à la gare.
9. Vous ............ à tous les examens. 10. Vous ............ du fromage au marché.

**D** Give the French for the following
1. you used to say   2. you were building   3. you drove (repeatedly)   4. you were going   5. you used to change   6. you asked (repeatedly)   7. you were travelling   8. you were repeating   9. you used to prefer   10. you were trying

**PERFECT TENSE** There are three English translations of this tense:
vous avez joué  you played  or  you have/you've played  or  you did play

The six shapes are to help you remember the different verb patterns. To form this tense use the words in the small shape with any of the words in the large shape:
vous avez + donné = vous avez donné  you gave

**1** Regular **-er** verbs:

vous avez

aidé      oublié
apporté   parlé
dépensé   pleuré
donné     ramassé
fermé     regardé
joué      travaillé
marché    trouvé

**2** Regular **-ir** verbs:

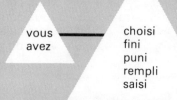

vous avez

choisi
fini
puni
rempli
saisi

**3** Regular **-re** verbs:

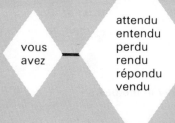

vous avez

attendu
entendu
perdu
rendu
répondu
vendu

**4** Irregular verbs:

vous avez

bu        fait
conduit   lu
couru     mis
dit       ouvert
écrit     pris
eu        reçu
          ri
          suivi
          tenu
          vu

**5** Sixteen special verbs:

vous êtes*

allé      né
venu      mort
arrivé    devenu
parti     resté
entré     tombé
sorti     rentré
monté     retourné
descendu  revenu

**6** Reflexive verbs:

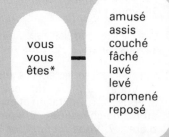

vous vous êtes*

amusé
assis
couché
fâché
lavé
levé
promené
reposé

*For verb groups 5 and 6, add **e** to the past participle if a woman or girl is being spoken to:
Marie, êtes-vous sortie?
Add **es** to the past participle if more than one woman or girl is being spoken to:
Marie et Claire, êtes-vous sorties?

Add **s** to the past participle (except **assis**) if more than one man or boy or a mixture of men and women is being spoken to:
Paul et Marie, êtes-vous sortis?

**A** Match the English to the French

| | |
|---|---|
| 1. vous avez attendu | you've had |
| 2. vous êtes allé | you did cry |
| 3. vous êtes né | you've become |
| 4. vous vous êtes assis | you've done |
| 5. vous avez pris | you stayed |
| 6. vous avez rendu | you did choose |
| 7. vous êtes revenu | you were born |
| 8. vous avez choisi | you've given back |
| 9. vous avez demandé | you went |
| 10. vous êtes sorti | you ran |
| 11. vous avez pleuré | you did take |
| 12. vous vous êtes couché | you went out |
| 13. vous êtes resté | you went to bed |
| 14. vous êtes devenu | you waited |
| 15. vous avez fait | you came back |
| 16. vous avez eu | you came |
| 17. vous êtes venu | you asked |
| 18. vous avez couru | you sat down |

**B** Fill in each gap and give an English translation. Begin each one with **vous**
1. ............... fermé  2. ............... parti  3. ............... ri  4. ...............
perdu  5. ............... monté  6. ............... gagné  7. ............... mis
8. ............... arrivé  9. ............... parlé  10. ............... entré

**C** Give the French for the following

□ 1. you rang  2. you have played  3. you spent  4. you picked up

△ 1. you have filled  2. you did punish  3. you chose  4. you finished

◇ 1. you sold  2. you gave back  3. you answered  4. you have heard

⬠ 1. you held  2. you drove  3. you have read  4. you said

○ 1. you came  2. you have fallen  3. you went out  4. you arrived

◡ 1. you went for a walk  2. you rested  3. you got up  4. you sat down

**D** Look at the following questions directed at Georges. Rewrite them in the appropriate form to ask (a) Monique, (b) Monique and Françoise and (c) Georges and Monique
1. Où êtes-vous allé?
2. Avez-vous vu ma voiture?
3. Est-ce que vous vous êtes promené hier?
4. Qu'est-ce que vous avez fait?
5. Pourquoi vous êtes-vous fâché?
6. Quand vous êtes-vous levé?
7. Où vous êtes-vous assis?
8. Quand êtes-vous sorti?
9. Avec qui êtes-vous rentré?
10. Quand êtes-vous né?

# PLUPERFECT TENSE
There is one English translation of this tense:

**vous aviez joué**   you had/you'd played

The six shapes are to help you remember the different verb patterns. To form this tense use the words in the small shape with any of the words in the large shape:

**vous aviez + vendu = vous aviez vendu**   you had sold

**1** Regular **-er** verbs:

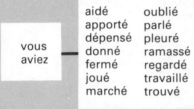

**2** Regular **-ir** verbs:

**3** Regular **-re** verbs:

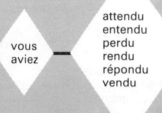

**4** Irregular verbs:

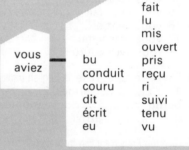

**5** Sixteen special verbs:

**6** Reflexive verbs:

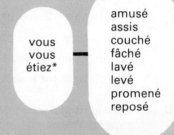

*For verb groups 5 and 6, add **e** to the past participle if a woman or girl is being spoken to:
**Vous étiez sortie, Marie?**
Add **es** to the past participle if more than one woman or girl is being spoken to:
**Françoise et Marie, vous étiez sorties?**

Add **s** to the past participle (except **assis**) if more than one man or boy or a mixture of men and women is being spoken to:
**Françoise et Paul, vous étiez sortis?**

**A** Match the English to the French
1. vous aviez donné        you had rested
2. vous aviez puni         you had said
3. vous étiez allé         you had gone
4. vous aviez dit          you had given
5. vous aviez écrit        you had sat down
6. vous vous étiez reposé  you had punished
7. vous aviez fait         you had done
8. vous vous étiez assis   you had written
9. vous aviez couru        you had run
10. vous étiez arrivé      you had arrived

**B** Fill in each gap with **vous aviez, vous étiez** or **vous vous étiez** and give the English
1. ............... demandé 2. ............... choisi 3. ............... suivi
4. ............... entendu 5. ............... fâché 6. ............... levé 7. ...............
devenu 8. ............... venu 9. ............... travaillé 10. ...............
regardé 11. ............... dépensé 12. ............... vendu 13. ...............
ouvert 14. ............... lu 15. ............... entré

**C** Give the French for the following
☐ 1. you had found  2. you had crossed  3. you had spent  4. you had won  5. you had forgotten

△ 1. you had chosen  2. you had finished  3. you had punished  4. you had filled  5. you had seized

◇ 1. you had waited  2. you had sold  3. you had lost  4. you had given back  5. you had heard

⬠ 1. you had put  2. you had taken  3. you had received  4. you had made 5. you had read

○ 1. you had arrived  2. you had stayed  3. you had gone in  4. you had gone out  5. you had returned

◯ 1. you had gone to bed  2. you had got angry  3. you had got up  4. you had gone for a walk  5. you had sat down

**D** Look at the following questions directed at Georges. Rewrite them in the appropriate form to ask (a) Monique, (b) Monique and Françoise and (c) Georges and Monique
1. Où étiez-vous allé?  2. Où vous étiez-vous assis?  3. Avec qui étiez-vous rentré?  4. Pourquoi vous étiez-vous fâché?  5. Est-ce que vous vous étiez promené?

# FUTURE TENSE

**1** 'Going to' future

There is one English translation of this construction:
**vous allez jouer**   you're going to play
To form this construction put **vous allez** in front of any infinitive:

| | devenir |
| :-- | :-- |
| | finir |
| vous allez | |
| | vous en aller |
| | vous reposer |

**2** Future

There is one English translation of this tense:
**vous jouerez**   you will/you'll play
The ending is **-ez** for all verbs.

(a) Regular **-er** verbs:
add **-ez**

> vous étudie<u>rez</u>
> vous raconte<u>rez</u>
> vous vole<u>rez</u>

(b) Regular **-ir** verbs:
add **-ez**

> vous fini<u>rez</u>
> vous rempli<u>rez</u>
> vous réussi<u>rez</u>

(c) Regular **-re** verbs:
remove **-e** and
add **-ez**

> vous attend<u>rez</u>
> vous rend<u>rez</u>
> vous répond<u>rez</u>

(d) Most irregular **-re** verbs: remove **-e** and add **-ez**

| | |
| :-- | :-- |
| vous battrez | vous lirez |
| vous boirez | vous mettrez |
| vous conduirez | vous plairez |
| vous connaîtrez | vous rendrez |
| vous craindrez | vous rirez |
| vous croirez | vous romprez |
| vous direz | vous suivrez |
| vous écrirez | vous vivrez |

## (e) Some irregular verbs

| | |
|---|---|
| vous irez (aller) | vous aurez (avoir) |
| vous serez (être) | vous saurez (savoir) |
| vous feriez (faire) | vous tiendrez (tenir) |
| vous courrez (courir) | vous viendrez (venir) |
| vous mourrez (mourir) | vous devrez (devoir) |
| vous pourrez (pouvoir) | vous recevrez (recevoir) |
| vous enverrez (envoyer) | vous vous assiérez (s'asseoir) |
| vous verrez (voir) | vous voudrez (vouloir) |

**A** Match the English to the French

| 1. vous porterez | 6. vous écrirez | you'll drive | you'll have dinner |
|---|---|---|---|
| 2. vous rougirez | 7. vous conduirez | you'll play | you'll do |
| 3. vous dînerez | 8. vous enverrez | you'll carry | you'll send |
| 4. vous rendrez | 9. vous plairez | you'll blush | you'll write |
| 5. vous ferez | 10. vous jouerez | you'll please | you'll give back |

**B** Give the English for the following

1. vous lirez  2. vous vous amuserez  3. vous remplirez  4. vous mettrez  5. vous vendrez

**C** Fill in each gap with the future tense of a verb which makes sense

1. Vous ............... le français après l'école ce soir. 2. Vous ............... à Versailles mardi prochain. 3. Vous ............... dans le fauteuil du salon. 4. Vous ............... froid en hiver. 5. Vous ............... le cinéma à côté de la banque. 6. Vous ............... beaucoup d'argent à Noël. 7. Vous ............... votre boisson avant de quitter le restaurant. 8. Vous ............... le capitaine de votre équipe de parmi les joueurs. 9. Vous ............... votre nom et votre adresse à l'agent. 10. Vous ............... tôt à la gare pour prendre le train.

**D** Give the French for the following

1. you'll find  2. you'll come  3. you'll want  4. you'll be  5. you'll give back  6. you'll finish  7. you'll be able  8. you'll believe  9. you'll knock  10. you'll see

**E** Give the English for the following

1. vous allez chanter  2. vous allez prendre  3. vous allez sortir  4. vous allez manger  5. vous allez vous lever

**F** Give the French for the following

1. you're going to read  2. you're going to get washed  3. you're going to work  4. you're going to build  5. you're going to answer

# CONDITIONAL TENSE

There is one English translation of this tense:
**vous joueriez** you would/you'd play
The ending is **-iez** for all verbs.

(a) Regular **-er** verbs:
add **-iez**

vous arriver<u>iez</u>
vous frapper<u>iez</u>
vous sauter<u>iez</u>

(b) Regular **-ir** verbs:
add **-iez**

vous bâtir<u>iez</u>
vous finir<u>iez</u>
vous remplir<u>iez</u>

(c) Regular **-re** verbs:
remove **-e** and
add **-iez**

vous rendr<u>iez</u>
vous répondr<u>iez</u>
vous vendr<u>iez</u>

(d) Most irregular **-re** verbs: remove **-e** and add **-iez**

| | |
|---|---|
| vous battriez | vous liriez |
| vous boiriez | vous mettriez |
| vous conduiriez | vous plairiez |
| vous connaîtriez | vous rendriez |
| vous craindriez | vous ririez |
| vous croiriez | vous rompriez |
| vous diriez | vous suivriez |
| vous écririez | vous vivriez |

(e) Some irregular verbs

| | |
|---|---|
| vous iriez (aller) | vous auriez (avoir) |
| vous seriez (être) | vous sauriez (savoir) |
| vous feriez (faire) | |
| | vous tiendriez (tenir) |
| vous courriez (courir) | vous viendriez (venir) |
| vous mourriez (mourir) | |
| vous pourriez (pouvoir) | vous devriez (devoir) |
| | vous recevriez (recevoir) |
| vous enverriez (envoyer) | |
| vous verriez (voir) | vous vous assiériez (s'asseoir) |
| | vous voudriez (vouloir) |

**A** Match the English to the French

| | |
|---|---|
| 1. vous arriveriez | you would sit down |
| 2. vous choisiriez | you would live |
| 3. vous porteriez | you would fly |
| 4. vous voleriez | you would write |
| 5. vous vivriez | you would go |
| 6. vous écririez | you would carry |
| 7. vous feriez | you would read |
| 8. vous liriez | you would arrive |
| 9. vous iriez | you would choose |
| 10. vous vous assiériez | you would make |

**B** Give the English for the following
1. vous diriez
2. vous viendriez
3. vous auriez
4. vous seriez
5. vous voudriez
6. vous boiriez
7. vous finiriez
8. vous courriez
9. vous pourriez
10. vous verriez

**C** Give the French for the following
1. you would hold
2. you would sit down
3. you would laugh
4. you would succeed
5. you would obey
6. you would put
7. you would jump
8. you would find
9. you would believe
10. you would send

# Module 6 **Ils/Elles** They

## PRESENT TENSE

There are three English translations of this tense:

**ils jouent**   they play   or   they are/they're playing   or   they do play

Note that **ils** is used for all examples.

**1** -ent ending:

(a) All regular **-er** verbs

ils accompagn<u>ent</u>
ils dépens<u>ent</u>
ils oubli<u>ent</u>

(b) **-er** verbs which are irregular because of spelling changes

| | |
|---|---|
| ils s'appellent (s'appeler) | ils jettent (jeter) |
| ils s'ennuient (s'ennuyer) | ils mènent (mener) |
| ils envoient (envoyer) | ils nettoient (nettoyer) |
| ils espèrent (espérer) | ils paient (payer) |
| ils essaient (essayer) | ils préfèrent (préférer) |
| ils essuient (essuyer) | ils se promènent (se promener) |

(c) All regular **-re** verbs

ils entend<u>ent</u>
ils rend<u>ent</u>
ils vend<u>ent</u>

(d) Some irregular verbs

| | |
|---|---|
| ils conduisent (conduire) | ils s'asseyent (s'asseoir) |
| ils disent (dire) | ils boivent (boire) |
| ils lisent (lire) | ils connaissent (connaître) |
| | ils croient (croire) |
| ils battent (battre) | ils doivent (devoir) |
| ils mettent (mettre) | ils écrivent (écrire) |
| ils permettent (permettre) | ils éteignent (éteindre) |
| ils courent (courir) | ils reçoivent (recevoir) |
| ils dorment (dormir) | ils rient (rire) |
| ils partent (partir) | ils savent (savoir) |
| ils sentent (sentir) | ils sourient (sourire) |
| ils sortent (sortir) | ils voient (voir) |
| ils peuvent (pouvoir) | |
| ils veulent (vouloir) | |

1(d) continued

| ils deviennent (devenir) | ils apprennent (apprendre) |
|---|---|
| ils reviennent (revenir) | ils comprennent (comprendre) |
| ils tiennent (tenir) | ils prennent (prendre) |
| ils viennent (venir) | |

## 2 -issent ending:

All irregular -ir verbs

ils chois**issent**
ils fin**issent**
ils rempl**issent**

## 3 Other:

| ils vont (aller) | ils sont (être) |
|---|---|
| ils ont (avoir) | ils font (faire) |

**A** Match the English to the French

| | |
|---|---|
| 1. ils mettent | they want |
| 2. ils conduisent | they're giving back |
| 3. ils croient | they can |
| 4. ils peuvent | they believe |
| 5. ils attendent | they do drive |
| 6. ils rendent | they're going |
| 7. ils se promènent | they're building |
| 8. ils veulent | they put |
| 9. ils vont | they're waiting |
| 10. ils bâtissent | they do go for a walk |

**B** Give the three English translations for each of the following
1. ils courent  2. ils viennent  3. ils jettent  4. ils font  5. ils traversent

**C** Complete each sentence with a verb which makes sense
1. Ils ............... un cadeau à leur soeur.  2. Ils ............... beaucoup d'argent chaque week-end.  3. Ils se ............... les cheveux.  4. Ils ............... la lettre avec un stylo.  5. Ils ............... la fenêtre quand il fait très chaud.  6. Ils ............... le train sur le quai.  7. Ils ............... la phrase dix fois.  8. Ils ............... en retard.  9. Ils ............... un bruit fort.  10. Ils ............... au lit parce qu'ils sont malades.

**D** Give the French for the following
1. they know  2. they are laughing  3. they hold  4. they do blush  5. they're choosing  6. they receive  7. they do think  8. they are bored  9. they borrow  10. they go for a walk

**IMPERFECT TENSE**   There are three English translations of this tense:

> **ils jouaient**   they were playing   or   they used to play   or   they played (regularly and repeatedly in the past, e.g. all summer, every day)
> Note that **ils** is used for all examples.

**1** -aient ending:

(a) Regular **-er** verbs:
remove **-er** and add **-aient**

> ils aid<u>aient</u>
> ils écout<u>aient</u>
> ils parl<u>aient</u>

(b) **-er** verbs with **c** or **g** in the stem have **ç + aient** or **ge + aient**

> ils commen<u>çaient</u>
> ils man<u>geaient</u>
> ils voya<u>geaient</u>

(c) Irregular **-er** verbs:
remove **-er** and add **-aient**

> ils all<u>aient</u>
> ils essay<u>aient</u>
> ils préfér<u>aient</u>

(d) Irregular **-ir** verbs:
remove **-ir** and add **-aient**

> ils cour<u>aient</u>
> ils mour<u>aient</u>
> ils sent<u>aient</u>

(e) Irregular **-oir** verbs:
remove **-oir** and add **-aient**

> ils dev<u>aient</u>
> ils recev<u>aient</u>
> ils voul<u>aient</u>

(f) Regular **-re** verbs:
remove **-re** and add **-aient**

> ils descend<u>aient</u>
> ils perd<u>aient</u>
> ils vend<u>aient</u>

(g) Some irregular **-re** verbs: remove **-re** and add **-aient**

> ils mett<u>aient</u>   ils suiv<u>aient</u>
> ils permett<u>aient</u>   ils viv<u>aient</u>
> ils ri<u>aient</u>

Note the following change of accent

> être→êt→ét→ils étaient

(h) Most irregular **-dre** verbs: remove **-dre** and add **-aient**

> ils appren<u>aient</u>
> ils compren<u>aient</u>
> ils pren<u>aient</u>

(i) A few verbs add **-aient** to a stem which has a spelling change

ils s'assey<u>aient</u> (s'asseoir)     ils écriv<u>aient</u> (écrire)
ils buv<u>aient</u> (boire)             ils voy<u>aient</u> (voir)
ils croy<u>aient</u> (croire)

## 2 -saient ending:

Some irregular **-re** verbs:
remove **-re** and add
**-saient**

ils condui<u>saient</u>     ils fai<u>saient</u>
ils constru<u>isaient</u>    ils li<u>saient</u>
ils cui<u>saient</u>        ils tradui<u>saient</u>
ils di<u>saient</u>

## 3 -issaient ending:

Regular **-ir** verbs:
remove **-ir** and add
**-issaient**

ils fin<u>issaient</u>
ils obé<u>issaient</u>
ils roug<u>issaient</u>

**A** Match the English to the French

| | | |
|---|---|---|
| 1. ils revenaient | they were following |
| 2. ils apprenaient | they used to learn |
| 3. ils prononçaient | they pronounced (repeatedly in the past) |
| 4. ils suivaient | they were helping |
| 5. ils permettaient | they used to come back |
| 6. ils préféraient | they used to prefer |
| 7. ils partaient | they were leaving |
| 8. ils rompaient | they used to allow |
| 9. ils essuyaient | they broke (repeatedly in the past) |
| 10. ils aidaient | they were drying |

**B** Give the three English translations for each of the following
1. ils envoyaient  2. ils commençaient  3. ils couvraient  4. ils essayaient

**C** Complete each sentence with a verb which makes sense
1. Ils ............... deux sacs à la main. 2. Ils ............... vingt ans. 3. Ils ............... en Suisse par le train. 4. Ils ...............au football. 5. Ils ............... 'Josette et Jean'. 6. Ils ............... de la musique classique au concert. 7. Ils ............... une lettre avec un stylo et du papier à écrire. 8. Ils ...............du thé au citron. 9. Ils ............... surpris. 10. Ils ............... le match au stade.

**D** Give the French for the following
1. they were throwing  2. they used to swim  3. they heard (repeatedly)
4. they were talking  5. they used to eat  6. they were reading  7. they used to go  8. they were trying  9. they were taking  10. they believed (repeatedly)

# PERFECT TENSE

There are three English translations of this tense:

**ils ont joué**   they played   or   they have/they've played   or   they did play

Note that **ils** is used in all examples.

The six shapes are to help you to remember the different verb patterns. To form this tense use the words in the small shape with any of the words in the large shape:

**ils ont + fait = ils ont fait**   they made

**1** Regular -**er** verbs:

ils ont

| | |
|---|---|
| aidé | oublié |
| apporté | parlé |
| dépensé | pleuré |
| donné | ramassé |
| fermé | regardé |
| joué | travaillé |
| marché | trouvé |

**2** Regular -**ir** verbs:

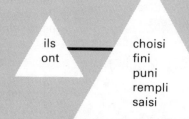

ils ont

choisi
fini
puni
rempli
saisi

**3** Regular -**re** verbs:

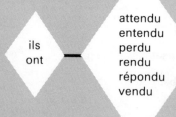

ils ont

attendu
entendu
perdu
rendu
répondu
vendu

**4** Irregular verbs:

ils ont

| | |
|---|---|
| | fait |
| | lu |
| | mis |
| | ouvert |
| bu | pris |
| conduit | reçu |
| couru | ri |
| dit | suivi |
| écrit | tenu |
| eu | vu |

**5** Sixteen special verbs:

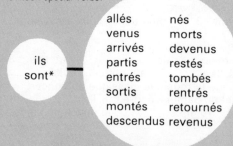

ils sont*

| | |
|---|---|
| allés | nés |
| venus | morts |
| arrivés | devenus |
| partis | restés |
| entrés | tombés |
| sortis | rentrés |
| montés | retournés |
| descendus | revenus |

**6** Reflexive verbs:

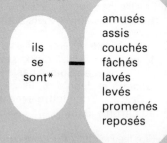

ils se sont*

amusés
assis
couchés
fâchés
lavés
levés
promenés
reposés

*For verb groups 5 and 6, the past participle must have the ending -**es** instead of -**s** (except for **assis**, which becomes **assises**) if more than one woman or girl is being spoken about:

**Elles sonts venues.**   **Elles se sont levées.**

**A** Match the English to the French

| | |
|---|---|
| 1. ils sont venus | they grabbed |
| 2. elles ont attendu | they've read |
| 3. ils ont posé | they got up |
| 4. ils se sont couchés | they did win |
| 5. ils sont allés | they came |
| 6. elles ont lu | they went to bed |
| 7. elles ont ouvert | they've lost |
| 8. ils se sont fâchés | they opened |
| 9. ils ont perdu | they came back home |
| 10. elles ont gagné | they received |
| 11. ils sont rentrés | they waited |
| 12. elles se sont lavées | they got washed |
| 13. ils ont saisi | they've placed |
| 14. ils sont devenus | they did go |
| 15. elles ont reçu | they got angry |
| 16. elles ont apporté | they've become |
| 17. ils ont suivi | they did follow |
| 18. elles sont parties | they've sold |
| 19. ils ont vendu | they've brought |
| 20. elles se sont levées | they left |

**B** Fill in each gap and give an English translation. Begin each one with **ils**
1. ............ vu  2. ............ choisi  3. ............ reposés  4. ............ eu
5. ............ dépensé  6. ............ conduit  7. ............ revenus  8. ............
amusés  9. ............ fait  10. ............ arrivés

**C** Give the French for the following. Begin each one with **ils**

☐ 1. they helped  2. they did cry  3. they found  4. they have rung  5. they forgot

△ 1. they chose  2. they have filled  3. they punished  4. they did finish  5. they grabbed

◇ 1. they waited  2. they have lost  3. they heard  4. they gave back  5. they did answer

⬠ 1. they held  2. they have said  3. they did run  4. they drank  5. they have taken

◯ 1. they went up  2. they were born  3. they did come down  4. they fell  5. they have returned

⎕ 1. they sat down  2. they got up  3. they rested  4. they did get angry  5. they have gone for a walk

**D** Look at the following sentences about Robert and André. Rewrite them in the appropriate form referring to Véronique and Nicole
1. Ils sont sortis.  2. Ils se sont assis.  3. Ils sont revenus.  4. Ils ont regardé.
5. Ils se sont promenés.  6. Ils ont écrit.  7. Ils sont entrés.  8. Ils se sont couchés.  9. Ils sont restés.  10. Ils sont arrivés.

# PLUPERFECT TENSE

There is one English translation of this tense:

**ils avaient joué**   they had/they'd played

Note that **ils** is used in all examples.

The six shapes are to help you remember the different verb patterns. To form this tense use the words in the small shape with any of the words in the large shape:

**ils avaient + attendu = ils avaient attendu**   they had waited

**1** Regular **-er** verbs:

ils avaient

| | |
|---|---|
| aidé | oublié |
| apporté | parlé |
| dépensé | pleuré |
| donné | ramassé |
| fermé | regardé |
| joué | travaillé |
| marché | trouvé |

**2** Regular **-ir** verbs:

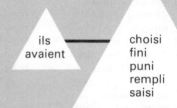

ils avaient

choisi
fini
puni
rempli
saisi

**3** Regular **-re** verbs:

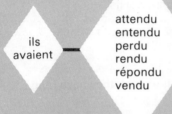

ils avaient

attendu
entendu
perdu
rendu
répondu
vendu

**4** Irregular verbs:

ils avaient

| | |
|---|---|
| | fait |
| | lu |
| | mis |
| | ouvert |
| bu | pris |
| conduit | reçu |
| couru | ri |
| dit | suivi |
| écrit | tenu |
| eu | vu |

**5** Sixteen special verbs:

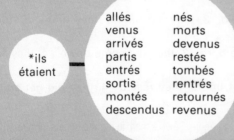

*ils étaient

| | |
|---|---|
| allés | nés |
| venus | morts |
| arrivés | devenus |
| partis | restés |
| entrés | tombés |
| sortis | rentrés |
| montés | retournés |
| descendus | revenus |

**6** Reflexive verbs:

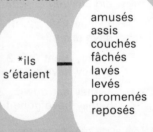

*ils s'étaient

amusés
assis
couchés
fâchés
lavés
levés
promenés
reposés

*For verb groups 5 and 6, the past participle must have the ending **-es** instead of **-s** (except for **assis**, which becomes **assises**) if more than one woman or girl is being spoken about:

**Elles étaient entrées.     Elles s'étaient lavées.**

**A** Match the English to the French

1. ils avaient conduit     they had sat down
2. ils avaient dit     they had said
3. ils avaient perdu     they had lost
4. ils étaient restés     they had gone in
5. ils s'étaient assis     they had walked
6. ils étaient entrés     they had closed
7. ils avaient fermé     they had driven
8. ils avaient ramassé     they had stayed
9. ils avaient donné     they had picked up
10. ils avaient marché     they had given

**B** Fill in each gap with **ils avaient, ils étaient** or **ils s'étaient** and give the English

1. ............ posé   2. ............ rempli   3. ............ fait   4. ............ joué   5. ............ regardé   6. ............ écrit   7. ............ promenés   8. ............ couchés   9. ............ descendus   10. ............ sortis   11. ............ ouvert   12. ............ vendu   13. ............ nés   14. ............ oublié   15. ............ pleuré

**C** Give the French for the following. Begin each one with **ils**

☐   1. they had helped   2. they had worked   3. they had spent   4. they had brought   5. they had crossed

△   1. they had chosen   2. they had punished   3. they had filled   4. they had seized   5. they had finished

◇   1. they had waited   2. they had sold   3. they had replied   4. they had lost   5. they had heard

⬠   1. they had laughed   2. they had seen   3. they had received   4. they had held   5. they had drunk

○   1. they had returned   2. they had come back   3. they had fallen   4. they had gone   5. they had come

◡   1. they had sat down   2. they had got up   3. they had had a good time   4. they had had a wash   5. they had got angry

**D** Look at the following sentences about Robert and André. Rewrite them in the appropriate form referring to Nicole and Véronique

1. Ils étaient entrés.   2. Ils s'étaient couchés.   3. Ils étaient restés.   4. Ils s'étaient promenés.   5. Ils étaient arrivés.

# FUTURE TENSE

**1** 'Going to' future

There is one English translation of this construction:

**ils vont jouer**   they are/they're going to play

To form this construction put **ils vont** in front of any infinitive:

| ils vont | devenir<br>finir<br><br>s'en aller<br>se reposer |
|---|---|

Note that **ils** is used for all examples.

**2** Future

There is one English translation of this tense:

**ils joueront**   they will/they'll play

The ending is **-ont** for all verbs.

(a) Regular **-er** verbs:
add **-ont**

ils arriver<u>ont</u>
ils frapper<u>ont</u>
ils sauter<u>ont</u>

(b) Regular **-ir** verbs:
add **-ont**

ils choisir<u>ont</u>
ils obéir<u>ont</u>
ils rougir<u>ont</u>

(c) Regular **-re** verbs:
remove **-e** and
add **-ont**

ils attendr<u>ont</u>
ils rendr<u>ont</u>
ils vendr<u>ont</u>

(d) Most irregular **-re** verbs: remove **-e** and add **-ont**

| | |
|---|---|
| ils battront | ils liront |
| ils boiront | ils mettront |
| ils conduiront | ils plairont |
| ils connaîtront | ils rendront |
| ils craindront | ils riront |
| ils croiront | ils rompront |
| ils diront | ils suivront |
| ils écriront | ils vivront |

(e) Some irregular verbs

| | |
|---|---|
| ils iront (aller) | ils auront (avoir) |
| ils seront (être) | ils sauront (savoir) |
| ils feront (faire) | |
| | ils tiendront (tenir) |
| ils courront (courir) | ils viendront (venir) |
| ils mourront (mourir) | |
| ils pourront (pouvoir) | ils devront (devoir) |
| | ils recevront (recevoir) |
| ils enverront (envoyer) | |
| ils verront (voir) | ils s'assiéront (s'asseoir) |
| | ils voudront (vouloir) |

**A** Match the English to the French

| | | | |
|---|---|---|---|
| 1. ils boiront | 6. ils croiront | they'll fear | they'll fill |
| 2. ils devront | 7. ils craindront | they'll see | they'll have to |
| 3. ils rempliront | 8. ils auront | they'll go | they'll obey |
| 4. ils tiendront | 9. ils verront | they'll have | they'll hold |
| 5. ils iront | 10. ils obéiront | they'll drink | they'll believe |

**B** Give the English for the following
1. ils vendront   2. ils voleront   3. ils sauteront   4. ils finiront   5. ils rompront

**C** Fill in each gap with the future tense of a verb which makes sense
1. Ils ................ au football demain.   2. Ils ................ bientôt à la lettre.   3. Ils ................ le bus au coin de la rue.   4. Ils ................ des vêtements chauds avant de faire du ski.   5. Ils ................ un beau cadeau pour leur mère.   6. Ils ................ vite pour attraper le train de neuf heures.   7. Ils ................ à la plage en été.   8. Ils ................ le journal pendant le voyage.   9. Ils ................ contents de recevoir ce colis.   10. Ils ................ ensemble au bistro ce soir.

**D** Give the French for the following
1. they'll go   2. they'll follow   3. they'll live   4. they'll want   5. they'll build
6. they'll knock   7. they'll find   8. they'll wear   9. they'll succeed   10. they'll write

**E** Give the English for the following
1. ils vont sauter   2. ils vont revenir   3. ils vont rire   4. ils vont s'asseoir   5. ils vont vendre

**F** Give the French for the following
1. they're going to drive   2. they're going to read   3. they're going to watch
4. they're going to finish   5. they're going to go for a walk

## CONDITIONAL TENSE
There is one English translation of this tense:

**ils joueraient**   they would/they'd play

The ending is **-aient** for all verbs.

Note that **ils** is used in all examples.

(a) Regular **-er** verbs:
add **-aient**

ils dîneraient
ils porteraient
ils trouveraient

(b) Regular **-ir** verbs:
add **-aient**

ils finiraient
ils rempliraient
ils réussiraient

(c) Regular **-re** verbs:
remove **-e** and
add **-aient**

ils attendraient
ils répondraient
ils vendraient

(d) Most irregular **-re** verbs: remove **-e** and add **-aient**

| | |
|---|---|
| ils battraient | ils liraient |
| ils boiraient | ils mettraient |
| ils conduiraient | ils plairaient |
| ils connaîtraient | ils rendraient |
| ils craindraient | ils riraient |
| ils croiraient | ils rompraient |
| ils diraient | ils suivraient |
| ils écriraient | ils vivraient |

(e) Some irregular verbs

| | |
|---|---|
| ils iraient (aller) | ils auraient (avoir) |
| ils seraient (être) | ils sauraient (savoir) |
| ils feraient (faire) | |
| | ils tiendraient (tenir) |
| ils courraient (courir) | ils viendraient (venir) |
| ils mourraient (mourir) | |
| ils pourraient (pouvoir) | ils devraient (devoir) |
| | ils recevraient (recevoir) |
| ils enverraient (envoyer) | |
| ils verraient (voir) | ils s'assiéraient (s'asseoir) |
| | ils voudraient (vouloir) |

**A** Match the English to the French
1. ils arriveraient      they would put
2. ils choisiraient      they would write
3. ils écriraient      they would arrive
4. ils liraient      they would receive
5. ils vivraient      they would go
6. ils mourraient      they would sit down
7. elles recevraient      they would read
8. elles s'assiéraient      they would choose
9. elles iraient      they would live
10. elles mettraient      they would die

**B** Give the English for the following
1. elles obéiraient
2. elles rougiraient
3. ils réussiraient
4. elles trouveraient
5. ils enverraient
6. elles verraient
7. ils viendraient
8. ils battraient
9. elles dîneraient
10. elles raconteraient

**C** Give the French for the following
1. they would have a good time
2. they would hit
3. they would fly
4. they would laugh
5. they would say
6. they would be
7. they would make
8. they would run
9. they would fill
10. they would finish

# Module 7 **Negatives**

| ne ... pas | not | ne ... rien | nothing |
|---|---|---|---|
| ne ... jamais | never | ne ... personne | nobody/anybody |
| ne ... plus | no more, no longer | ne ... que | only |
| ne ... guère | scarcely | ne ... ni ... ni | neither ... nor |

Note that **ne** changes to **n'** before a word beginning with a vowel.

(a) Position of negatives with simple tenses:

| Je | ne | vois | pas | mon ami |
|---|---|---|---|---|
| Tu | ne | voyages | jamais | en autobus |
| Il | ne | mange | plus | à midi |
| Elle | ne | parlait | guère | à sa voisine |
| Nous | ne | lisons | rien | le soir |
| Vous | n' | aimez | personne | dans cette classe |
| Ils | n' | achètent | que | deux billets |
| Elles | ne | mangent | ni | bonbons ni biscuits |

(b) Position of most negatives with compound tenses:

| Je | n' | ai | pas | vu mon ami |
|---|---|---|---|---|
| Tu | n' | es | jamais | allé au cinéma |
| Il | n' | a | plus | mangé à midi |
| Elle | n' | a | guère | parlé à sa voisine |
| Ils | n' | ont | rien | lu ce soir |

(c) Position of **ne ... personne**, **ne ... que** and **ne ... ni ... ni** with compound tenses:

| Vous | n' | avez aimé | personne | dans cette classe-là |
|---|---|---|---|---|
| Ils | n' | ont acheté | que | deux billets |
| Elles | n' | ont mangé | ni | bonbons ni biscuits |

(d) 'Nothing' and 'nobody' as the subject:

| | | | |
|---|---|---|---|
| Rien n' | est arrivé | | happened |
| | a apparu | Nothing | appeared |
| | est venu | | came |
| | n' a regardé | | looked |
| Personne ne | savait | Nobody | knew |
| | n' a vu | | saw |

(e) 'Yes' in reply to a negative question  **si:**

**Tu n'as pas de frères?** **Si,** **j'en ai un.**

Haven't you got any brothers? Yes, I have one.

Make the following sentences negative then translate them into English

**A** Use **ne … pas**
1. Je regarde la télévision.  2. Il aime le sport.  3. Il a mangé ce soir.  4. Ils avaient sonné à la porte.  5. Elle jouait au tennis.

**B** Use **ne … jamais**
1. Il va au cinéma.
2. Elles passent les vacances en France.
3. Je suis allé chez le médecin.
4. Tu seras content.
5. Nous avions parlé au président.

**C** Use **ne … plus**
1. Ils fument.  2. Il regarde les actualités à la télévision.  3. J'habite Paris.
4. J'écoutais attentivement.  5. Vous discutez la politique.

**D** Use **ne … guère**
1. Il lit.  2. Ils jouent au foot en été.  3. Je connaissais ces élèves.  4. Je suis sorti le soir.  5. Elle est arrivée à l'heure.

**E** Use **ne … rien**
1. Il mange.  2. Elle a regardé.  3. Vous avez acheté.  4. Ils écoutent.  5. Nous avons dit.

**F** Use **ne … personne**
1. J'ai vu.  2. Je regarde.  3. Il a frappé.  4. Nous avons blessé.  5. La police a arrêté.

**G** Use **ne … que**
1. Il a deux frères.  2. Elle a nagé dix mètres.  3. Ils ont perdu cent francs.  4. Vous avez vu deux films.  5. Il jouait le week-end.

**H** Use **ne … ni … ni**
1. Je mange les petits pains et les croissants.
2. Je bois le café et le thé.
3. Il aime les chiens et les chats.
4. J'aime écouter la radio et les disques.
5. Nous aimons écrire les lettres et les cartes postales.

# Module 8 **Imperative**

## Tu   You

This is an order telling someone to do something and has a one-word English translation:

> **Joue!**   Play!   The pronoun **tu** is not used in the imperative.

**1** -e ending:

(a) Regular -er verbs and -er verbs with c or g in the stem

| | |
|---|---|
| allume | laisse |
| chante | lance |
| donne | mange |
| étudie | porte |

(b) Other -er verbs which are irregular because of spelling changes

| | |
|---|---|
| appelle (appeler) | jette (jeter) |
| envoie (envoyer) | mène (mener) |
| espère (espérer) | nettoie (nettoyer) |
| essaie (essayer) | paie (payer) |
| essuie (essuyer) | répète (répéter) |

(c) Some irregular verbs

aie (avoir)
sache (savoir)

**2** -s ending:

(a) Regular -re verbs

| | |
|---|---|
| attends | réponds |
| rends | vends |

(b) Most irregular verbs

| | | |
|---|---|---|
| bois (boire) | dis (dire) | apprends (apprendre) |
| crois (croire) | écris (écrire) | prends (prendre) |
| sois (être) | lis (lire) | |
| fais (faire) | ris (rire) | cours (courir) |
| | souris (sourire) | dors (dormir) |
| bats (battre) | | pars (partir) |
| mets (mettre) | reviens (revenir) | sens (sentir) |
| permets (permettre) | tiens (tenir) | sors (sortir) |
| promets (promettre) | viens (venir) | |

**3** -is ending:
Regular **-ir** verbs

bât<u>is</u>   obé<u>is</u>
chois<u>is</u>  rempl<u>is</u>
fin<u>is</u>    réuss<u>is</u>

**4** Other endings:

va (aller)   Note: **Vas-y!**  Go ahead!/Get on with it!

**5** Reflexive verbs:

(a) Regular **-er** verbs

amuse-toi
couche-toi
lave-toi

(b) Some irregular verbs

assieds-toi (s'asseoir)
tais-toi (se taire)
lève-toi (se lever)
va-t'en (s'en aller)

Note: there are a few reflexive regular **-re** verbs.
**Rends-toi!**  Give yourself up!

**A** Match the English to the French
1. Compte!    6. Parle!    Read!    Shut up!
2. Viens!    7. Tais-toi!    Speak!   Answer!
3. Finis!    8. Réponds!  Finish!   Begin!
4. Commence!  9. Lis!    Look!    Count!
5. Habille-toi!  10. Regarde!  Come!   Get dressed!

**B** Give the English for the following
1. Lève-toi!  2. Mange!  3. Essaie!  4. Sors!  5. Nage!

**C** Fill in each gap with a verb which makes sense
1. ............ la porte, s'il te plaît!  2. ............ bien les mains avant de manger!
3. ............ ce plateau à la cuisine!  4. ............ la lettre maintenant!  5. ............
ce stylo à ton frère!  6. ............ l'addition maintenant!  7. ............ ton thé, vite!
8. ............ prudent!  9. ............-y!  10. ............ dans ce fauteuil!

**D** Give the French for the following
1. Rest!  2. Wait!  3. Obey!  4. Go up!  5. Run!  6. Choose!  7. Smile!
8. Sleep!  9. Drive!  10. Ask!

# Nous  We

This is a suggestion that the speaker and others should do something together and has a two-word English translation:

**Jouons!**  Let's play! The pronoun **nous** is not used as a subject pronoun in the imperative.

**1** -ons ending:

(a) Regular -er verbs

| | |
|---|---|
| command<u>ons</u> | organis<u>ons</u> |
| goût<u>ons</u> | risqu<u>ons</u> |

(b) -er verbs with **c** or **g** in the stem have **ç + ons** or **ge + ons**

| | |
|---|---|
| commen<u>ç</u>ons | mang<u>e</u>ons |
| pronon<u>ç</u>ons | chang<u>e</u>ons |
| lan<u>ç</u>ons | song<u>e</u>ons |

(c) -er verbs normally irrregular because of spelling changes are regular in the **nous** form

| | |
|---|---|
| appel<u>ons</u> | répét<u>ons</u> |
| pay<u>ons</u> | essuy<u>ons</u> |
| nettoy<u>ons</u> | essay<u>ons</u> |
| espér<u>ons</u> | men<u>ons</u> |
| envoy<u>ons</u> | jet<u>ons</u> |

(d) Regular -re verbs

| | |
|---|---|
| attend<u>ons</u> | répond<u>ons</u> |
| rend<u>ons</u> | vend<u>ons</u> |

(e) Most irregular verbs

| | | |
|---|---|---|
| allons (aller) | courons (courir) | battons (battre) |
| ayons (avoir) | dormons (dormir) | mettons (mettre) |
| soyons (être) | partons (partir) | permettons (permettre) |
| faisons (faire) | sortons (sortir) | promettons (promettre) |
| rions (rire) | revenons (revenir) | conduisons (conduire) |
| sourions (sourire) | tenons (tenir) | disons (dire) |
| suivons (suivre) | venons (venir) | lisons (lire) |
| apprenons (apprendre) | buvons (boire) | éteignons (éteindre) |
| prenons (prendre) | écrivons (écrire) | sachons (savoir) |

Note: **Allons-y!**  Let's go!/Let's get on with it!

## 2 -issons ending:

Regular **-ir** verbs

> bât*issons*   obé*issons*
> chois*issons*   rempl*issons*
> fin*issons*   réuss*issons*

## 3 Reflexive verbs:

(a) Regular **-er** verbs

> baignons-nous
> dépêchons-nous
> reposons-nous

(b) Regular **-re** verbs

> rendons-nous

(c) Some irregular verbs

> asseyons-nous (s'asseoir)
> levons-nous (se lever)
> taisons-nous (se taire)
> allons-nous-en (s'en aller)

**A** Match the English to the French
1. Envoyons!     6. Portons!       Let's get washed!   Let's fish!
2. Pêchons!      7. Jetons!        Let's sell!         Let's wear!
3. Levons-nous!  8. Lavons-nous!   Let's choose!       Let's take!
4. Chantons!     9. Vendons        Let's throw!        Let's sing!
5. Choisissons!  10. Prenons       Let's send!         Let's get up!

**B** Give the English for the following
1. Invitons!  2. Nettoyons!  3. Rendons!  4. Dépêchons-nous!
5. Apprenons!

**C** Fill in each gap with a verb which makes sense
1. .............. sages! 2. .............. ce disque à Henri! 3. .............. au cinéma voir le programme! 4. .............. dans la rivière! 5. .............. les cheveux! 6. ..............-y! 7. .............. le bus à l'arrêt! 8. .............. à la lettre de Marguerite! 9. .............. cette lampe sur la table! 10. .............. de bonne heure demain matin!

**D** Give the French for the following
1. Let's repeat! 2. Let's read! 3. Let's drink! 4. Let's go! 5. Let's be quiet! 6. Let's hope! 7. Let's wait! 8. Let's run! 9. Let's go away! 10. Let's swim!

# Vous  You

This is an order telling someone or a group of people to do something and has a one-word English translation:

**Jouez!**  Play! The pronoun **vous** is not used as a subject pronoun in the imperative.

**1** -ez ending:

(a) Regular -er verbs and -er verbs with c or g in the stem

| | |
|---|---|
| comptez | passez |
| dansez | prononcez |
| imaginez | songez |

(b) -er verbs which are normally irregular because of spelling changes are regular in the **vous** form

| | |
|---|---|
| appelez | répétez |
| payez | essuyez |
| nettoyez | essayez |
| espérez | menez |
| envoyez | jetez |

(c) Regular -re verbs

| | |
|---|---|
| attendez | répondez |
| rendez | vendez |

(d) Most irregular verbs

| | | |
|---|---|---|
| allez (aller) | courez (courir) | battez (battre) |
| ayez (avoir) | dormez (dormir) | mettez (mettre) |
| soyez (être) | partez (partir) | permettez (permettre) |
| | sortez (sortir) | promettez (promettre) |
| riez (rire) | | |
| souriez (sourire) | revenez (revenir) | conduisez (conduire) |
| suivez (suivre) | tenez (tenir) | lisez (lire) |
| | venez (venir) | |
| apprenez (apprendre) | | éteignez (éteindre) |
| prenez (prendre) | buvez (boire) | sachez (savoir) |
| | écrivez (écrire) | |

Note: **Allez-y!**  Go ahead! Get on with it!

**2** -issez ending:

Regular -ir verbs

| | |
|---|---|
| bâtissez | obéissez |
| choisissez | remplissez |
| finissez | réussissez |

**3** Other endings:

> dites (dire)
> faites (faire)

**4** Reflexive verbs:

(a) Regular **-er** verbs

> amusez-vous
> habillez-vous
> réveillez-vous

(b) Regular **-re** verbs

> rendez-vous

(c) Some irregular verbs

> asseyez-vous (s'asseoir)
> levez-vous (se lever)
> taisez-vous (se taire)
> allez-vous-en (s'en aller)

**A** Match the English to the French

| | | | |
|---|---|---|---|
| 1. Apprenez! | 6. Buvez! | Get up! | Be quiet! |
| 2. Taisez-vous! | 7. Dansez! | Write! | Obey! |
| 3. Ecrivez! | 8. Levez-vous! | Pay! | Drink! |
| 4. Obéissez! | 9. Commandez! | Dance! | Order! |
| 5. Essuyez! | 10. Payez! | Learn! | Dry! |

**B** Give the English for the following
1. Organisez! 2. Comptez! 3. Asseyez-vous! 4. Menez! 5. Battez!

**C** Fill in each gap with a verb which makes sense
1. ............... cette chanson, s'il vous plaît!
2. ............... la voiture de Monsieur Lafitte!
3. ............... avant minuit!
4. ............... à ma question maintenant!
5. ............... ce potage! Il est bon!
6. ............... ! Le bus arrive!
7. ............... votre manteau noir!
8. ............... ce mot-là encore une fois!
9. ............... ce livre avant jeudi!
10. ............... par le train!

**D** Give the French for the following
1. Smile! 2. Have a good time! 3. Try! 4. Wait! 5. Go away! 6. Imagine!
7. Sleep! 8. Promise! 9. Finish! 10. Wake up!

# NEGATIVES AND PRONOUN POSITIONS

**1** Negatives

(a) All verbs except reflexive verbs

| | |
|---|---|
| n'allume pas | ne faisons pas |
| ne jette pas | ne bâtissez pas |
| ne répondons pas | n'ayez pas |

(b) All reflexive verbs

| | |
|---|---|
| ne te couche pas | ne vous levez pas |
| ne nous brossons pas | ne t'en va pas |

**2** Pronoun positions

it/them for/to + me/him/her/us/them

| | | |
|---|---|---|
| donne achetez | -le -la -les | -moi -lui -nous -leur |

**3** Pronoun positions with negative

it/them for/to + him/her/them

| ne | le la les | lui leur | donne envoyons achetez | pas |
|---|---|---|---|---|

for/to + me/us it/them

| ne | me nous | l' les | achetez | pas |
|---|---|---|---|---|
| | | le la les | donne | |

Note that **le** can also mean 'him' and **la** can also mean 'her':

**Regarde-le!**  Look at him/it!

**Regarde-la!**  Look at her/it!

**A** Match the English to the French

| | |
|---|---|
| 1. Prends-le! | Look at them! |
| 2. Ne le prends pas! | Let's send them! |
| 3. Prends-les! | Look at him! |
| 4. Envoyons-les! | Give it to them! |
| 5. Ne l'envoyons pas! | Let's buy it for him! |
| 6. Envoyons-les-leur! | Don't take it! |
| 7. Regardez-les! | Don't look at them! |
| 8. Ne les regardez pas! | Don't give it to me! |
| 9. Regardez-la! | Let's not send it! |
| 10. Regarde-le! | Don't give it to them! |
| 11. Donne-le-moi! | Take them! |
| 12. Ne me le donne pas! | Look at her! |
| 13. Donne-le-lui! | Give it to me! |
| 14. Ne le lui donne pas! | Let's not buy it! |
| 15. Donne-le-leur! | Let's buy them! |
| 16. Ne le leur donne pas! | Don't give it to him! |
| 17. Ne l'achetons pas! | Take it! |
| 18. Achetons-le-lui! | Let's send them to them! |
| 19. Achetons-les! | Give it to her! |
| 20. Ne les achetons pas! | Let's not buy them! |

**B** Change the following into the negative, then give the English
1. Mange-les!
2. Vendons-le!
3. Apportez-le-moi!
4. Dis-le-lui!
5. Rendons-les-leur!

**C** Give the French for the following.
1. Tu: (a) Leave it! (b) Begin it! (c) Don't change them! (d) Don't take it! (e) Organize it!
2. Nous: (a) Let's count them! (b) Let's wait for them! (c) Let's not wear them! (d) Let's give it to him! (e) Let's not sing it!
3. Vous: (a) Don't wait for me! (b) Give them back to him! (c) Try it! (d) Lend it to me! (e) Send it to us!

# Module 9 **Special Constructions**

**1** To need, intend, be afraid, have the opportunity, have permission, have time or wish to do something

| | | | |
|---|---|---|---|
| avoir | besoin<br>l'intention<br>peur<br>l'occasion<br>la permission<br>le temps<br>envie | de/d' | need to<br>intend to<br>be afraid to<br>to have the opportunity to<br>have permission to<br>have time to<br>wish to |

| | | | | |
|---|---|---|---|---|
| j'ai<br>tu as<br>il/elle a<br>nous avons<br>vous avez<br>ils/elles ont | besoin<br>l'occasion<br>envie | de | boire<br>dormir<br>partir | rentrer<br>vendre<br>voir |
| | | d' | aider<br>aller<br>appeler | écrire<br>envoyer<br>ouvrir |

**2** (a) To ask or tell someone (noun) to do something

demander à (noun) de (infinitive)   to ask ... to ...
dire à (noun) de (infinitive)   to tell ... to ...

| | | | | |
|---|---|---|---|---|
| Elle a demandé<br>Nous avons demandé<br>J'ai dit<br>Nous avons dit | à | l'ouvrier<br>la vendeuse | de | changer<br>dépenser<br>monter |
| | au | client<br>passager | | |
| | aux | élèves<br>parents | d' | acheter<br>écouter<br>essayer |

(b) To ask or tell someone (pronoun) to do something

| | | | |
|---|---|---|---|
| Il | m' | a dit d'attendre | He told <u>me</u> to wait |
| Je | te | demande d'y aller | I am asking <u>you</u> to go there |
| Je | lui | ai demandé de fermer la porte | I asked <u>him/her</u> to shut the door |
| Vous | leur | avez dit de faire attention | You told <u>them</u> to pay attention |

**A** Match the English to the French

1. J'ai besoin de rentrer.
2. J'ai la permission d'y aller.
3. J'ai le temps d'écrire.
4. Vous avez l'occasion de le vendre.
5. Ils ont envie de boire quelque chose.
6. J'ai l'intention d'y rester.
7. Tu as besoin de dormir.
8. Elle a peur de sortir.
9. Il a la permission d'ouvrir la porte.
10. Nous avons le temps de vous aider.

I have time to write.
They wish to drink something.
I intend to stay here.
I need to go home.
You need to sleep.
He has permission to open the door.
I have permission to go there.
We have time to help you.
She is afraid to go out.
You have the opportunity to sell it.

**3** To decide, forget, refuse or try to do something; to finish or stop doing something

| | | | |
|---|---|---|---|
| decide | j'ai décidé | de | préparer |
| forget | tu as oublié | | téléphoner |
| refuse | il refusait | | traverser |
| | | | visiter |
| try | elle a essayé | d' | écrire |
| finish | nous avons fini | | entrer |
| stop | ils se sont arrêtés | | étudier |
| | | | organiser |

**4** To be pleased, happy or obliged/forced to do something

| | | | |
|---|---|---|---|
| être | content | de | rester |
| | heureux | | travailler |
| | obligé | d' | aller |
| | | | attendre |

**5** (a) Has/have just done something

present tense of **venir** + **de/d'** + infinitive

| | | | |
|---|---|---|---|
| je viens | de | découvrir | finir |
| il vient | | demander | mettre |
| vous venez | d' | apporter | offrir |
| ils viennent | | emprunter | ôter |

## (b) Had just done something

imperfect tense of **venir** + **de/d'** + infinitive

| je venais<br>tu venais | de | briser<br>causer | montrer<br>pousser |
|---|---|---|---|
| nous venions<br>ils venaient | d' | aider<br>imaginer | insister<br>oublier |

**6** To be (in the process/act of) doing something

| | | de | manger |
|---|---|---|---|
| être | en train | d' | écouter |

**7** To like, prefer, desire, hope or dare to do something

| | | |
|---|---|---|
| like | j'aime | allumer |
| prefer | il aime mieux | chanter |
| desire | nous désirons | couper |
| hope | ils espèrent | écrire |
| dare | elle ose | louer |
| | | ouvrir |
| | | venir |

**8** To go or come and do something

| | | |
|---|---|---|
| go | va<br>allez | fermer<br>ouvrir |
| come | viens<br>venez | regarder<br>voir |

**9** To nearly do something

| | |
|---|---|
| j'ai failli | oublier |
| il a failli | perdre |
| vous avez failli | tomber |
| ils ont failli | ne pas venir |

**10** To have to do something/to be necessary for someone to do something

| il | me<br>te<br>nous<br>vous | faut<br>fallait | dormir<br>manger<br>travailler |
|---|---|---|---|

**11** Without doing something

| sans | dire<br>faire<br>parler<br>regarder |
|---|---|

**12** On/when/while doing something

| en | faisant<br>finissant<br>marchant<br>nageant<br>vendant<br>voyant |
|---|---|

**13** To be about to do/on the point of doing something

| je suis<br>il était | sur le point | de | finir<br>lire<br>parler |
|---|---|---|---|

**14** Instead of doing something

| au lieu | de | partir<br>sortir |
|---|---|---|
| | d' | appeler<br>entrer |

**15** To begin, continue, help or learn to do something, to suceed in doing something or to think or hesitate about doing something

| | | | |
|---|---|---|---|
| begin | j'ai commencé<br>il s'est mis | | chercher<br>courir<br>fermer |
| continue | elle continue | | imaginer |
| help | nous aidons | à | laver |
| learn | ils ont appris | | mettre |
| succeed | j'ai réussi | | payer |
| think | vous pensez | | préparer |
| hesitate | tu hésitais | | réparer |

Note: to have something to do **avoir quelque chose à faire:**
**J'ai une lettre à écrire** I have a letter to write

**16** To be able to (can etc.), to have to (must) or to want to do something

| | | | | |
|---|---|---|---|---|
| **pouvoir** | to be able | I can | je peux | |
| **devoir** | to have to | I must/have to | je dois | marcher |
| **vouloir** | to want | I want to | je veux | remercier |
| | | I could | je pouvais | surveiller |
| | | I had to | je devais | tirer |
| | | I wanted to | je voulais | |

**17** Verbs which have two meanings

**descendre:**
| | |
|---|---|
| Je suis descendu | I went down |
| J'ai descendu ma valise | I got my case down |

**monter:**
| | |
|---|---|
| Il est monté | He went up/climbed up |
| Il a monté sa valise | He put/carried his case up |

**sortir:**
| | |
|---|---|
| Nous sommes sortis | We went out |
| Nous avons sorti nos bicyclettes | We got our bikes out |

**18** Word order after speech

'Bonjour, monsieur,' <u>dit Jean</u>.
'Salut, Georges,' <u>disent-ils</u>.
'Quelle heure est-il?' <u>ont-ils demandé</u>.
'Quelle belle maison!' <u>ai-je dit</u>.
'Tu viens ce soir?' <u>a-t-il demandé</u>.

**B** Complete the following sentences as indicated and give the English
1. J'ai ........... dormir. (need)  2. Il avait ........... vendre sa maison. (intend)
3. Nous avons ........... sortir quand il fait noir. (afraid)  4. Elle m'a donné ...........
aller à la piscine. (permission)  5. Ils ont ........... finir leurs devoirs. (time)
6. Nous avons ........... boire un verre de lait. (wish)  7. Elle a ........... partir à
neuf heures. (intend)  8. J'ai ........... aller au stade ce samedi. (opportunity)
9. Elle avait ........... regarder cette émission. (wish)  10. Ils avaient ...........
écrire au principal. (intend)

**C** Fill in the gaps and give the English
1. J'ai demandé ........... Charles ........... faire la vaisselle.
2. Nous avons demandé ........... vendeuse ........... chercher un tricot bleu.
3. Il a demandé ........... parents ........... accompagner leurs enfants.
4. Nous avons dit ........... Madame Gaudiche ........... monter dans la voiture.
5. L'hôtesse de l'air a dit ........... voyageurs ........... ne pas fumer.

**D** Complete the following sentences as indicated and give the English
1. Il ........... chanter. (like)
2. Elle ........... aller à la mer. (prefer)
3. Nous ........... venir ce soir. (want/desire)
4. Il ........... louer un appartement ici. (intend)
5. ........... ouvrir la fenêtre. (go and ...)
6. ........... voir ce film ce soir. (come and ...)
7. J'ai ........... tomber dans la rivière. (nearly)
8. Il a ........... manquer son train. (nearly)
9. Il me ........... faire mes devoirs ce soir. (have to)
10. Il vous ........... rester à l'hopîtal. (had to)
11. Il a quitté la pièce ........... me dire 'au revoir'. (without)
12. Elle a traversé la rue ........... regarder. (without)
13. J'ai mangé mon repas ........... la télévision. (while looking at)
14. ........... ses devoirs il a entendu quelqu'un à la porte. (while doing)
15. Elle était ........... dire quelque chose. (on the point of)
16. Je suis ........... aller au lit. (on the point of/about to)
17. ........... aller au cinéma, il est resté chez lui. (instead of)
18. Elle a envoyé un télégramme ........... écrire une lettre. (instead of)
19. Il a ........... causer un accident. (nearly)
20. J'étais ........... y aller. (happy to)
21. Nous étions ........... travailler jusqu'à huit heures. (obliged to)
22. Je ........... découvrir un petit café près d'ici. (have just)
23. Ils ........... pousser la voiture le long de la rue. (had just)
24. Ils étaient ........... manger. (in the process of)
25. Vous étiez ........... aller à la banque. (in the process of)

# Revision Tests

Revision Test for Part 1

Attempt as many of the following questions as you can without referring to the grammar notes

**A** Replace un, une and des by le, la, l' or les
1. un homme   2. une glace   3. des amis   4. une addition   5. des restaurants
6. une banque   7. une armoire   8. un bureau   9. des collines   10. un arbre

**B** Complete each sentence with à la, au, à l' or aux and give the English
1. Je parle ........ dame.   2. Il court ........ banque.   3. Elle va ........ rivière.   4. Je
vais ........ boucherie.   5. Ils travaillent ............ supermarché.   6. J'achète du
sucre ........ épicerie.   7. Il parle ........ enfants.   8. Il donne un cadeau ........
enfant.   9. Elle passe ses vacances ........ mer.   10. Nous habitons une petite
maison ........ campagne.

**C** Complete each sentence with de la, du, de l' or des   and give the English
1. Il achète ........ beurre.   2. Elle veut ........ pommes.   3. J'ai bu ........ eau.
4. Elle écoute ........ disques.   5. Il est tombé ........ mur.   6. J'ai pris la clef ........
maison.   7. Elle a mangé ........ gâteaux.   8. Voilà la porte ........ salle à
manger.   9. Il entre dans le jardin ........ voisin.   10. Il a réparé les vélos ........
garçons.

**D** Put the following words into the plural
1. l'homme   2. le feu   3. le jardin   4. le bateau   5. la maison   6. le journal   7. le
cadeau   8. la croix   9. la fille   10. le cheval

**E** Give the English for the following
1. J'ai mal au dos.   2. Elle a mal aux yeux.   3. Elle a mal à l'oreille.   4. Il s'est cassé
la jambe.   5. Je me suis cassé le bras.   6. Il se brosse les dents.   7. Elle a ouvert
les yeux.   8. Il s'est lavé les mains.   9. Je me suis lavé le visage.   10. Nous avons
fermé les yeux.

**F** Complete each sentence with the word for 'some' or 'any'
1. Je veux ........ pain, s'il vous plaît.   2. Tu peux lui donner ........ aspirine.   3. Je
ne veux pas ........ pain, merci.   4. Elle n'a pas acheté ........ fromage.   5. Le
marchand de légumes n'avait pas ........ pommes de terre.   6. Je voulais ........
essence.   7. J'ai vu ........ animaux à la ferme.   8. Elle a mis ........ sucre dans son
café.   9. Il a bu ........ limonade   10. Je n'ai pas ........ argent.

**G** Give the French for the following
1. about five kilos   2. a basket of shopping   3. a box of matches   4. a dozen
people   5. about thirty children   6. too many accidents   7. a bottle of water
8. a glass of milk   9. a few birds   10. a little chocolate

**H** Give the English for the following
1. La plupart des monuments sont au centre de Paris.   2. Une foule de passants

attendait devant la gare. 3. Elle a acheté un paquet de farine. 4. Il a reçu une paire de gants pour son anniversaire. 5. Ils ont coupé un morceau de fromage. 6. J'aime plusieurs émissions sur le sport. 7. Elle a demandé un demi-kilo de carottes. 8. Nous voulons acheter deux kilos de pommes. 9. La plupart des parkings sont près du centre. 10. Il a fait moins de bruit que lundi soir.

**I** Replace the underlined words with the appropriate pronoun. Remember to change the word order
1. Il aime <u>les animaux.</u>   2. Elle écoute <u>la musique pop.</u>   3. Nous regardions <u>la télé,</u> hier soir.   4. Tu vois <u>les oiseaux</u> dans l'arbre?   5. Est-ce que vous connaissez <u>ce monsieur?</u>   6. Le professeur parle <u>aux élèves.</u>   7. La jeune fille donne un cadeau <u>à son frère.</u>   8. Il a téléphoné <u>à Marie.</u>   9. J'ai téléphoné <u>à Jean et Marie.</u>   10. Je ne vois pas <u>la différence.</u>

**J** Give the English for the following
1. Il me parle.   2. Elle nous regarde.   3. Je t'écoute.   4. Elle vous parle.   5. Il nous punit.   6. Il va chez toi.   7. Elle se cache derrière nous.   8. Vous vous promenez avec eux.   9. Il se souvient de moi.   10. Ce n'est pas lui!

**K** Replace the words underlined by the pronoun **y**. Remember to change the word order
1. Je suis allé <u>en France.</u>   2. Il va <u>à la piscine.</u>   3. Ils vont <u>en ville.</u>   4. J'étais <u>à Paris.</u>   5. Je suis resté <u>devant le cinéma.</u>

**L** Match the answers to the questions and give the English
1. Combien de garçons y a-t-il dans votre classe?   J'en ai un.
2. A-t-il assez d'argent?   Il y en a douze.
3. Combien de frères avez-vous?   Oui, il en a assez.
4. A-t-elle mangé trop de gâteaux?   Oui, elle en a mangé trop.
5. Ont-ils mangé trop de glaces?   Oui, ils en ont mangé trop.

## Revision Test for Part 2

Attempt as many of the following questions as you can without referring to the grammar notes

**A** Give the English for the following
1. carré   2. clair   3. espagnol   4. étroit   5. joli   6. mouillé   7. plein   8. méchant   9. rond   10. aveugle   11. fort   12. facile   13. chauve   14. autre   15. large   16. rose   17. sale   18. vide   19. célèbre   20. ancien   21. épais   22. favori   23. frais   24. gentil   25. ennuyeux   26. paresseux   27. égal   28. merveilleux   29. premier   30. étranger

**B** Write 'F' if the adjective is in the form which goes with feminine words; write 'M' if it is in the form which goes with masculine words; write 'B' if it goes with both
1. chaud   2. aimable   3. dangereuse   4. chère   5. spécial   6. énorme   7. libre   8. furieux   9. attentive   10. premier   11. seule   12. facile   13. moderne   14. joli   15. fatiguée   16. gentille   17. gros   18. vide   19. fraîche   20. nouvelle

**C** Give the feminine form of each adjective and then translate into English
1. allemand   2. laid   3. malade   4. sale   5. vrai   6. sérieux   7. dernier

8. neuf  9. épais  10. ancien  11. inquiet  12. beau  13. vieux  14. secret  15. favori  16. doux  17. blanc  18. bon  19. national  20. français

**D** Fill in any letters that are missing, then give the English
1. la petit.... fille  2. un grand.... bâtiment  3. une réponse différent....  4. un élève paresseu....  5. la semaine derni....  6. ma matière favori....  7. une long.... journée.  8. un autr.... homme  9. les rues étroit....  10. les paniers vid....

**E** Give the French for the following
1. an English car  2. a green door  3. the heavy chair  4. the famous actor  5. a serious problem  6. a French newspaper  7. a white shirt  8. a fat boy  9. a true story  10. the young women

**F** Give the English for the following
1. Il est plus beau que son père.  2. Elle est plus mince que toi.  3. Elle est moins agréable que lui.  4. Ils sont plus riches que leurs voisins.  5. Il est aussi pauvre que nous.  6. Il est un meilleur joueur que Pierre.  7. Sa voix est meilleure que celle de sa soeur.  8. Ce fauteuil n'est pas si confortable que ton nouveau canapé.  9. Ces gâteaux ne sont pas si délicieux que cette tarte.  10. J'ai choisi les billets les plus chers.  11. C'est la secrétaire la moins agréable du bureau.  12. Hier soir, j'ai mangé le repas le plus délicieux de ma vie.  13. Ce matin nous avons rencontré l'homme le plus désagréable de notre village.  14. Les meubles les plus chers du magasin sont au premier étage.  15. On peut voir les meilleurs films étrangers à ce cinéma.

**G** Give the French for the following
1. I'm hot.  2. He's cold.  3. She's sleepy.  4. They are wrong.  5. They are right.  6. They are thirsty.  7. He seems sad.  8. She seems happy.  9. They seem in a hurry.  10. I am hungry.

**H** Complete each phrase as indicated
My: mon/ma/mes  1. ........ anniversaire  2. ........ cousin  3. ........ voiture  4. ........ valise  5. ........ livres  6. ........ lunettes  7. ........ photo  8. ........ argent  9. ........ arrivée  10. ........ idée
Your: ton/ta/tes  1. ...... sac  2. ...... bière  3. ...... nièce  4. ...... livre  5. ........ visite  6. ........ chaussettes  7. ........ grands-parents  8. ........ chambre  9. ........numéro de téléphone  10. ........ verre
His/Her: son/sa/ses  1. ........ chaussures  2. ........ examens  3. ........ maison  4. ........ père  5. ........ copine  6. ........ soeur  7. ........ caravane  8. ........ bateau  9. ........ voisin  10. ........ cuisine
Our: notre/nos  1. ........ lunettes  2. ........ argent  3. ........ voiture  4. ........ arrivée  5. ........ chaussettes
Your: votre/vos  1. ........ grands-parents  2. ........ anniversaire  3. ........ chaussures  4. ........ idée  5. ........ examen
Their: leur/leurs  1. ........ valise  2. ........ études  3. ........ maison  4. ........ avion  5. ........ père

**I** Give the French for the following
1. his bike   2. her pen   3. my bedroom   4. their dog   5. our children   6. your tickets   7. my office   8. his neighbours   9. their friends   10. her school

**J** Give the English for the following
1. l'anniversaire de Michel   2. l'appareil de la jeune fille   3. la mère de Marie
4. les grands-parents de l'enfant   5. la voiture du principal   6. le tourne-disques du professeur   7. les tricots des joueurs   8. les timbres du monsieur   9. les vêtements de l'hôtesse de l'air   10. le voisin du boulanger

**K** Complete each phrase with **de, du, de l', de la** or **des**
1. la mère ........ élève   2. la voiture ........ Monsieur Duval   3. l'anniversaire ........ institutrice   4. l'expérience ........ automobilistes   5. le voisin ........ professeur   6. les vêtements ........ deux amis   7. le père ........ garçon
8. l'hôtel ........ touristes   9. les stylos ........ principal   10. l'appareil ........ Allemand

**L** Give the English for the following
1. Ces papiers sont à vous.   2. Ce chapeau est à moi.   3. Cette place est à elle.   4. Le petit chien est à lui.   5. Les timbres sur la table sont à nous.   6. Les gants dans le couloir sont à eux.   7. Ce passeport est à Monsieur Buiron.   8. Les valises près du banc sont à ces deux messieurs.   9. Le sac de provisions est à cette vieille dame.   10. Ce veston est à l'élève assis derrière Jean.

**M** Complete the following sentences and translate them into English
1. Cette voiture est à ............ (mine)
2. Le stylo bleu est à ............ (yours)
3. La voiture devant la banque est à ............ (hers)
4. Les gants sur le canapé sont à ............ (theirs)
5. Ce cahier est à ............ (his)
6. Voilà ma voiture mais je ne vois pas ............ (yours)
7. J'ai laissé ma règle près de ............ (his)
8. Voici mes clefs, mais où sont ............ Pierre? (those belonging to)
9. Le garçon a apporté mon café, mais il a oublié ............ mon ami. (the one belonging to)
10. Voilà mon invitation et ............ ma femme. (the one belonging to)

**N** Give the English for the following
1. Il est contrôleur.   2. Je suis agent.   3. Ils sont médecins.   4. Tu es employé.   5. Elle est concierge.   6. Ils sont domestiques.   7. Il est facteur.   8. Il est étudiant.   9. Je suis boucher.   10. Il est prêtre.

**O** Complete each phrase with the correct form of **ce, cet, cette** or **ces**
1. ........ addition   2. ........ accident   3. ........ moteur   4. ........ histoires
5. ........ journaux   6. ........ salle   7. ........ mouchoir   8. ........ maillot
9. ........ agent   10. ........ ascenseur

**P** Give the French for the following
1. It's freezing.   2. It's foggy.   3. It's windy.   4. It's dark.   5. It's chilly.   6. It's mild.   7. The weather is bad.   8. It's fine.   9. It's raining.   10. It's thundering.

**Q** Give the French for the following numbers
(a) 2, 8, 11, 14, 15, 17, 30, 43, 57, 61, 74, 81, 85, 88, 93, 200, 629, 715, 980
(b) 3rd, 5th, 6th, 10th, 11th    (c) $\frac{1}{3}, \frac{3}{4}, \frac{5}{8}, \frac{1}{2}, \frac{4}{5}$

## Revision Test for Part 3

Attempt as many of the following questions as you can without referring to the grammar notes

**A** Give the English for the following
1. le long de la plage   2. le long du chemin   3. parmi les fleurs   4. Il est à la maison.   5. Ils sont au cinéma.   6. Il attend aux feux.   7. Elle est chez toi.   8. Vous êtes chez eux.   9. Ils sont chez l'épicier.   10. derrière le bâtiment   11. entre le camion et la voiture   12. au centre du village   13. au coin du salon   14. ailleurs   15. partout   16. Il habite loin de l'église.   17. La voiture est loin du centre.   18. à la campagne   19. ici   20. Il entre dans le magasin.   21. Elle est au soleil.   22. Ils se reposent à l'ombre.   23. Il est en Allemagne.   24. Elle est au Japon.   25. Il tient une balle à la main.   26. Ils jouent en plein air.   27. Ils attendent devant l'ascenseur.   28. La voiture se trouve au milieu du champ.   29. Les gens attendent à l'intérieur.   30. Les chaussures sont près du fauteuil.   31. Les verres sont sur la nappe.   32. Les papiers sont par terre.   33. Elle habite en face de la gare.   34. là-bas   35. Il est assis au bord du ruisseau.   36. Ils vont aux Pays-Bas.   37. Il va aux quais regarder les trains.   38. Ils arrivent au sommet de la montagne.   39. Nous courons vers la sortie.   40. Les pantoufles sont sous le lit.   41. Il travaille près de chez lui.   42. Vous allez chez mes amis?   43. Elle habite chez ma tante.   44. Nice se trouve dans le Midi.   45. Il attend à l'extérieur.   46. Continuez tout droit!   47. Tournez à gauche!   48. Prenez la troisième rue à droite.   49. Il habite dans l'ouest de la France.   50. L'Allemagne se trouve à l'est de la France.

**B** Give the French for the following

1. along the road
2. along the corridor
3. amongst the people
4. at the seaside
5. at the baker's
6. at the market
7. at her house
8. at the Durand's (house)
9. at the grocer's
10. behind the hedge
11. between the two hills
12. in the centre of the town
13. at the corner of the street
14. somewhere else
15. everywhere
16. far from the town
17. into the washing-machine
18. into the dustbin
19. in Cannes
20. in England
21. in Wales
22. in the United States
23. in the country
24. in the picture
25. in front of the bookshop
26. in the middle of the road
27. inside
28. near to me (my house)
29. near to the lake
30. on the roof
31. on the beach
32. on the radio
33. on the train
34. opposite the market
35. over there
36. outside
37. on the side of the river
38. to Dieppe

39. to Greece
40. to Mexico
41. to the beach
42. to church
43. to the Alps
44. on top of the hill

45. towards me
46. under the blanket
47. in the South of France
48. Turn left!
49. Turn right!
50. Take the second street on the left!

## Revision Test for Part 4

Attempt as many of the following questions as you can without referring to the grammar notes

**A** Give the English for the following

1. au mois d'août
2. C'est vendredi.
3. C'est jeudi soir.
4. dimanche matin
5. au printemps
6. C'est le premier mars.
7. dix-neuf cent cinquante-deux
8. à deux heures moins le quart
9. Il est onze heures vingt-cinq.
10. à huit heures précises
11. à trois heures de l'après-midi
12. vers midi
13. le lendemain soir
14. maintenant
15. ensuite

16. lorsque
17. la veille de Noël
18. à la rentrée
19. à la fin du trimestre
20. le mois dernier
21. lundi prochain
22. dans trois ans
23. il y a vingt ans
24. il y a plusieurs semaines
25. pendant la nuit
26. avant midi et demi
27. quelquefois
28. de temps en temps
29. après être arrivé
30. à bientôt

**B** Give the French for the following

1. in April
2. It's Thursday.
3. It's Wednesday morning.
4. on Monday evening
5. in summer
6. It's August the 2nd.
7. 1848
8. at quarter to 6
9. It's 20 past 2.
10. at exactly 3 o'clock
11. at 7 p.m.
12. at about 2 o'clock
13. the following morning
14. now
15. finally

16. while
17. Christmas Day
18. at the end of term
19. at the beginning of term
20. last week
21. in four years' time
22. next Wednesday
23. five years ago
24. a few moments ago
25. during the afternoon
26. often
27. from time to time
28. after eating
29. See you on Wednesday.
30. See you tonight.

## Revision Test for Part 5

Attempt as many of the following questions as you can without referring to the grammar notes

**A** Give the English for the following
1. Il parle très couramment. 2. Il le fait immédiatement. 3. Elle conduit la voiture lentement. 4. Nous travaillons dur. 5. Vous travaillez volontiers. 6. Il le fait exprès. 7. Il court en toute hâte. 8. Elle parle à haute voix. 9. Ils discutent d'une manière intelligente. 10. Il a fait ses devoirs sans effort. 11. Cet acteur joue extrêmement mal. 12. Il court plus vite que moi. 13. Cet homme parle trop. 14. Ils écrivent mieux que nous. 15. Elle nage aussi rapidement que vous. 16. Il lit moins bien que mon fils. 17. Ils nagent mal. 18. J'aime beaucoup cette fille. 19. Il est arrivé à vélo. 20. Elle vient à pied. 21. Elle se promène en bateau. 22. Nous voyageons par le train. 23. Elles rentrent en vélomoteur. 24. Ils se promènent toujours ensemble. 25. Elle corrige ses devoirs avec soin.

**B** Give the French for the following
1. perfectly 2. politely 3. immediately 4. quietly 5. certainly 6. naturally 7. absolutely 8. surely 9. unfortunately 10. secretly

## Revision Test for Part 6

Attempt as many of the following questions as you can without referring to the grammar notes

**A** Give the English for the following
1. Est-ce que vous restez? 2. Est-ce que tu as fini? 3. Est-ce qu'il est revenu? 4. Avez-vous entendu? 5. Sont-ils partis? 6. Vous mangez? 7. Qui était là? 8. Qui est-ce qui est allé au parc? 9. Avec qui venez-vous à l'école? 10. Avec qui êtes-vous allé au cinéma? 11. Qu'est-ce que vous voulez? 12. Qu'est-ce que vous avez dit? 13. Qu'est-ce qu'elle aime? 14. Que faites-vous? 15. Qu'as-tu vu? 16. De quelle couleur sont les gants? 17. Qu'est-ce qu'il y a? 18. Qu'est-ce qu'il y a dans la boîte? 19. Qu'est-ce que tu as? 20. Comment s'appellent-ils? 21. Quelle heure est-il? 22. Comment vient-il à l'école? 23. Comment allez-vous? 24. A quelle distance se trouve le centre-ville? 25. À combien de kilomètres sont les collines? 26. Depuis quand travaillez-vous ici? 27. Depuis quand travailliez-vous ici? 28. Depuis combien de temps est-elle malade? 29. Combien de fourchettes y a-t-il sur la table? 30. Combien coûtent ces pommes? 31. Quel âge ont-elles? 32. Quand est-il sorti? 33. Où vas-tu? 34. D'où vient-il? 35. Pourquoi est-il parti? 36. Pourquoi avez-vous dit cela? 37. Quels bâtiments regardez-vous? 38. Quelle actrice préférez-vous? 39. Lequel aimez-vous? 40. Lesquels mangez-vous?

## Revision Test for Part 7

Attempt as many of the following questions as you can without referring to the grammar notes

**A** Give the English for the following
I/**Je** Module
1. je reste 2. je paie 3. je vends 4. je dors 5. j'éteins 6. je veux 7. je cherchais 8. je mentais 9. j'attendais 10. j'apprenais 11. j'ai téléphoné

12. j'ai répondu 13. j'ai saisi 14. j'ai ouvert 15. je suis parti 16. je suis descendu 17. je me suis couché 18. je me suis lavé 19. j'avais travaillé 20. j'avais fermé 21. j'avais oublié 22. j'avais posé 23. j'avais choisi 24. j'avais perdu 25. j'avais ri 26. j'avais fait 27. j'étais retourné 28. j'étais sorti 29. je m'étais levé 30. je m'étais assis 31. je m'amuserai 32. je finirai 33. je dirai 34. je courrai 35. j'irai 36. je ferai 37. j'écrirais 38. je dînerais 39. je boirais 40 je suivrais

**B** You/**Tu** Module

1. tu accompagnes 2. tu coupes 3. tu mènes 4. tu jettes 5. tu réussis 6. tu réponds 7. tu dois 8. tu t'assieds 9. tu aidais 10. tu demandais 11. tu changeais 12. tu allais 13. tu couvrais 14. tu mettais 15. tu voyais 16. tu conduisais 17. tu choisissais 18. tu as traversé 19. tu as ramassé 20. tu as oublié 21. tu as rempli 22. tu as entendu 23. tu as eu 24. tu as pris 25. tu as dit 26. tu es revenu 27. tu es resté 28. tu es né 29. tu t'es levé 30. tu avais sonné 31. tu avais pleuré 32. tu avais choisi 33. tu avais rendu 34. tu avais reçu 35. tu t'étais fâché 36. tu frapperas 37. tu auras 38. tu rirais 39. tu viendrais 40. tu voudrais

**C** He, She, It, One/**Il, Elle, On** Module

1. il coupe 2. elle finit 3. elle s'appelle 4. il habite 5. il fait 6. il reçoit 7. il pleut 8. il lit 9. elle aidait 10. elle cherchait 11. il s'ennuyait 12. elle mentait 13. il interrompait 14. il vivait 15. il a apporté 16. il a dépensé 17. il a vendu 18. elle a vu 19. elle a eu 20. elle a mis 21. il est retourné 22. elle est sortie 23. il s'est lavé 24. il s'est couché 25 elle avait fermé 26. il avait regardé 27. elle avait attendu 28. il avait perdu 29. elle avait lu 30. il était mort 31. elle s'était reposée 32. on s'amusera 33. on boira 34. il sera 35. elle recevra 36. elle étudierait 37. il volerait 38. elle enverrait 39. il écrirait 40. elle courrait

**D** We/**Nous** Module

1. nous restons 2. nous habitons 3. nous jetons 4. nous rendons 5. nous venons 6. nous connaissons 7. nous croyons 8. nous menions 9. nous voyagions 10. nous ouvrions 11. nous rompions 12. nous comprenions 13. nous finissions 14. nous avons trouvé 15. nous avons travaillé 16. nous avons gagné 17. nous avons ramassé 18. nous avons puni 19. nous avons ri 20. nous avons suivi 21. nous avons répondu 22. nous avons conduit 23. nous avons bu 24. nous sommes rentrés 25. nous sommes nés 26. nous nous sommes assis 27. nous nous sommes amusés 28. nous avions joué 29. nous avions posé 30. nous avions perdu 31. nous avions mis 32. nous étions revenus 33. nous étions sortis 34. nous nous étions levés 35. nous bâtirons 36. nous rendrons 37. nous aurons 38. nous aurions 39. nous voudrions 40. nous serions.

**E** You/**Vous** Module

1. vous vous brossez 2. vous empruntez 3. vous traversez 4. vous vous promenez 5. vous envoyez 6. vous tenez 7. vous vous asseyez 8. vous buvez 9. vous rougissez 10. vous dites 11. vous faites 12. vous attrapiez 13. vous écoutiez 14. vous marchiez 15. vous permettiez 16. vous preniez

17. vous écriviez   18. vous lisiez   19. vous cuisiez   20. vous avez parlé   21. vous avez dit   22. vous avez conduit   23. vous avez couru   24. vous avez écrit   25. vous êtes arrivé   26. vous êtes resté   27. vous êtes né   28. vous vous êtes amusé   29. vous vous êtes fâché   30. vous aviez posé   31. vous aviez parlé   32. vous aviez entendu   33. vous aviez suivi   34. vous vous étiez lavé   35. vous frapperez   36. vous viendrez   37. vous irez   38. vous sauriez   39. vous voudriez   40. vous enverriez

**F** They/**Ils, Elles** Module
1. ils accompagnent   2. ils dépensent   3. ils montrent   4. ils envoient   5. ils nettoient   6. ils essuient   7. ils perdent   8. elles reçoivent   9. ils rient   10. ils vont   11. ils font   12. ils cherchaient   13. ils quittaient   14. ils allaient   15. ils pouvaient   16. ils buvaient   17. ils traduisaient   18. ils ont joué   19. ils ont donné   20. ils ont saisi   21. ils ont vendu   22. ils ont eu   23. ils ont vu   24. ils ont ouvert   25. elles sont revenues   26. elles sont mortes   27. elles sont tombées   28. elles se sont assises   29. elles avaient pleuré   30. ils avaient fini   31. elles avaient reçu   32. elles avaient entendu   33. ils avaient fait   34. ils s'étaient amusés   35. elles étaient nées   36. ils boiront   37. ils iront   38. ils attendraient   39. elles feraient   40. ils s'assiéraient.

**G** Make the following sentences negative using the indicated forms, then translate them into English
1. J'écoute la radio. (ne ... pas)   2. Il aime le tennis. (ne ... pas)   3. Nous avons frappé à la porte. (ne ... pas)   4. Elle va à la piscine. (ne ... jamais)   5. J'ai visité le Midi. (ne ... jamais)   6. Il habite Paris. (ne ... plus)   7. Ils discutent le sport. (ne ... plus)   8. Ils dorment bien. (ne ... guère)   9. Elle a regardé ... (ne ... rien)   10. Je fais ... (ne ... rien)   11. Il a vu ... (ne ... personne)   12. J'ai regardé ... (ne ... personne)   13. Elle a dix francs. (ne ... que)   14. Il a une soeur. (ne ... que)   15. J'aime ce vin et cette bière. (ne ... ni ... ni)

**H** Complete each sentence with a word which make sense
1. ............ la porte s'il vous plaît!   2. ............-moi le sel, s'il te plaît!   3. ............ sages!   4. ............ dans ce fauteuil!   5. ............ messieurs! Le train arrive!   6. ............ par là, s'il vous plaît!   7. Ne ............ levez pas!   8. Reposons-............ quelques minutes!   9. ............ la fenêtre, Paul!   10. ............ le journal à Papa, Marie!

**I** Complete the following sentences as indicated, then translate them into English
1. J'ai ............ manger quelque chose. (need)   2. Elle ............ acheter un vélo. (intend)   3. Il m'a donné ............ aller au cinéma. (permission)   4. Elle ............ nager. (like)   5. Je ............ aller à Londres. (prefer)   6. Il ............ causer un accident. (nearly)   7. Il me ............ finir cette lettre aujourd'hui. (have to)   8. Il a quitté la maison ............ dire 'au revoir' à sa mère. (without)   9. J'étais ............ sortir quand le facteur a sonné. (on the point of)   10. ............ rester chez lui, il est sorti. (instead of)   11. Elle était ............ travailler dans le bureau de Monsieur Rouillard. (happy to)   12. Je ............ voir un bon film. (have just)   13. Nous étions ............ manger. (in the process of)   14. Elle était ............ y aller. (obliged to)   15. Elles ............ arriver à la gare quand le train est parti. (had just)

# Verb List

Irregular verbs are shown in italic; where the past participle is irregular it is given in brackets

accompagner   to accompany, go with
   someone
acheter   to buy
s'adresser à   to apply to
aider   to help
aimer   to like, love
*aller*   to go
*s'en aller*   to go away
allumer   to light, switch on
s'amuser   to enjoy oneself
appeler   to call
s'appeler   to be called
apporter   to bring
*apprendre (appris)*   to learn
s'approcher de   to approach
arrêter   to stop
s'arrêter   to stop (oneself)
arriver   to arrive
*s'asseoir (assis)*   to sit down
attendre   to wait (for)
attraper   to catch
*avoir (eu)*   to have

se baigner   to bathe, go swimming
bâtir   to build
battre   to beat
*boire (bu)*   to drink
briser   to break, smash
se bronzer   to tan, sunbathe
se brosser   to brush

cacher   to hide
se calmer   to calm oneself down
caresser   to stroke, caress
casser   to break
se casser   to break (parts of one's body)
causer   to chat, cause
changer   to change
chanter   to sing
chercher   to look for
choisir   to choose
commander   to order (a meal)
commencer   to begin
*comprendre (compris)*   to understand
compter   to count
*conduire (conduit)*   to drive, lead

*connaître (connu)*   to know (places and
   people)
*construire (construit)*   to build
continuer   to continue
se coucher   to go to bed
couper   to cut
*courir (couru)*   to run
*couvrir (couvert)*   to cover
*craindre (craint)*   to fear
*croire (cru)*   to believe
*cuire (cuit)*   to cook

danser   to dance
décider   to decide
*découvrir (découvert)*   to discover
déjeuner   to have lunch or breakfast
demander   to ask (for)
se dépêcher   to hurry
dépenser   to spend
descendre   to go down, come down, get
   something down
dessiner   to draw
*devenir (devenu)*   to become
*devoir (dû)*   to have to
dîner   to have dinner
*dire (dit)*   to say, tell
discuter   to discuss
*disparaître (disparu)*   to disappear
distribuer   to distribute, to deliver
   (letters)
donner   to give
dormir   to sleep

écouter   to listen (to)
*écrire (écrit)*   to write
emprunter   to borrow
s'ennuyer   to be bored
enseigner   to teach
entendre   to hear
entrer   to enter, go in, come in
envoyer   to send
espérer   to hope
essayer   to try
essuyer   to dry, wipe
*éteindre (éteint)*   to extinguish, put out,
   switch off

être (été)   to be
étudier   to study

faillir   to almost do something
faire (fait)   to do, make
falloir (fallu)   to have to do something, to
   be required, to be necessary
fermer   to close, shut
finir   to finish
frapper   to knock, hit

gagner   to earn, win
geler   to freeze
goûter   to taste
grimper   to climb

s'habiller   to get dressed
habiter   to live (in)
hésiter   to hesitate

imaginer   to imagine
insister   to insist
interrompre   to interrupt
inviter   to invite

jeter   to throw
jouer   to play
juger   to judge

laisser   to leave, let
lancer   to throw, hurl
se laver   to get washed
se lever   to get up
lire (lu)   to read
louer   to hire, rent

manger   to eat
manquer   to miss
marcher   to walk
mener   to lead
mentir   to lie
mettre (mis)   to put
monter   to go up, climb up, come up
montrer   to show
mourir (mort)   to die

nager   to swim
naître (né)   to be born
neiger   to snow
nettoyer   to clean

obéir   to obey
obtenir (obtenu)   to obtain
offrir (offert)   to offer, give (a present)
organiser   to organize
oser   to dare
oublier   to forget
ouvrir (ouvert)   to open

parler   to speak, talk
partir   to leave, depart, go away
passer   to pass, go by, spend (time)
payer   to pay (for)
pêcher   to fish
penser   to think
perdre   to lose
permettre (permis)   to allow, permit
plaire (plu)   to please
pleurer   to cry
pleuvoir (plu)   to rain
porter   to carry, wear
poser   to place, put down
pousser   to push
pouvoir (pu)   to be able
préférer   to prefer
prendre (pris)   to take, catch (transport
   capture
prêter   to lend
se promener   to go for a walk
promettre (promis)   to promise
prononcer   to pronounce
punir   to punish

quitter   to leave

raconter   to tell (a story)
ramasser   to pick up
recevoir (reçu)   to receive
regarder   to look (at), watch
regretter   to regret, be sorry
remercier   to thank
remplir   to fill
rendre   to give back
se rendre   to give oneself up
rentrer   to go (come) home, go back
réparer   to repair
répéter   to repeat
répondre   to answer, reply
se reposer   to rest
réserver   to reserve

rester  to stay, remain
retourner  to return, go back
réussir  to succeed
se réveiller  to wake up
*revenir (revenu)*  to come back
*rire (ri)*  to laugh
risquer  to risk
*rompre*  to break
rougir  to blush

saisir  to grab, seize
sauter  to jump
*savoir (su)*  to know (a fact, that)
*sentir*  to feel
servir  to serve
songer  to dream
sonner  to ring
sortir  to go out, come out
*sourire (souri)*  to smile
*suivre (suivi)*  to follow
surveiller  to supervise, watch over

*se taire (tu)*  to be silent, shut up
taper  to type
téléphoner  to phone
*tenir (tenu)*  to hold
tomber  to fall
tourner  to turn
*traduire (traduit)*  to translate
travailler  to work
traverser  to cross
trouver  to find
se trouver  to be located, situated

utiliser  to use

vendre  to sell
*venir (venu)*  to come
*vivre (vécu)*  to live
*voir (vu)*  to see
voler  to steal, fly
*vouloir (voulu)*  to want, wish
voyager  to travel

# Vocabulary

Adjectives are shown in the masculine form; where the feminine is irregular it is given in brackets.

un abricot   apricot
absolument   absolutely
un accident   accident
accompagner   to accompany, go with
   someone
acheter   to buy
un acteur (une actrice)   actor, actress
actif (active)   active
les actualités   (f) news
actuellement   now, at the present time
une addition   bill (in a restaurant)
une adresse   address
s'adresser à   to apply to, to enquire
un aéroport   airport
affreux (affreuse)   awful, hideous
l'âge   (m) age
une agence de voyages   travel agency
un agent   policeman
agréable   pleasant, nice
aider   to help
l'ail   (m) garlic
ailleurs   elsewhere, somewhere else
aimable   pleasant
aimer   to like, love
l'air   (m) look, manner
   avoir l'air   to seem, look
l'alcool   (m) alcohol
l'Allemagne   (f) Germany
allemand   German
aller   to go
s'en aller   to go away
allumer   to light, switch on
une allumette   match
les Alpes   (f) the Alps
un alpiniste   mountaineer
amèrement   bitterly
américain   American
un ami (une amie)   friend
une amitié   friendship
s'amuser   to enjoy oneself
un an   year
ancien (ancienne)   old, former
anglais   English
l'Angleterre   (f) England
un animal   animal
une année   year

un anniversaire   birthday
août   August
un appareil   camera
un appartement   flat
appeler   to call
s'appeler   to be called
apporter   to bring
apprendre   to learn
s'approcher de   to approach
après   after
un après-midi   afternoon
un arbre   tree
l'argent   (m) money
une armoire   wardrobe
l'arrêt d'autobus   (m) bus-stop
arrêter   to stop, arrest
s'arrêter   to stop (oneself)
l'arrivée   (f) arrival
arriver   to arrive
un ascenseur   lift
une aspirine   aspirin
s'asseoir   to sit down
assez   enough, quite
une assiette   plate
assis   seated, sitting down
attendre   to wait (for)
attentif (attentive)   attentive
attentivement   attentively
attraper   to catch
ne ... aucun   none, not any
aujourd'hui   today
au revoir   goodbye
aussi   also
aussi ... que   as ... as
autant   as much, as many
une auto   car
un autobus   bus
un autocar   coach
l'automne   (m) autumn
un(e) automobiliste   motorist
une autoroute   motorway
autour de   around
autre   other
autrefois   formerly, in the past
avant   before
aveugle   blind

un avion   aeroplane
avoir   to have
avril   April

la bague   ring
se baigner   to bathe, go swimming
le ballon   ball
le banc   bench
la banque   bank
bas (basse)   low
le bas   stocking
le bateau   boat
le bâtiment   building
bâtir   to build
le bâton   stick
battre   to beat
beau   (m) (bel before vowel),
   beaux; belle (f), belles
   fine, beautiful
beaucoup   much, many
le bébé   baby
le besoin   need
   avoir besoin de   to need
le beurre   butter
la bibliothèque   library
la bicyclette   bicycle
bien   well
bientôt   soon
à bientôt   see you soon
la bière   beer
le bijou   jewel
le billet   ticket (un billet de
   10 francs   a 10 f note)
le biscuit   biscuit
le bistro   café, restaurant
bizarre   strange, weird
blanc (blanche)   white
bleu   blue
blond   fair, blond
boire   to drink
le bois   wood
la boîte   box
bon (bonne)   good
le bonbon   sweet
le bord   edge (au bord de   on the
   edge or side of)
la bouche   mouth
le boucher   butcher
le boulanger   baker

la boulangerie   baker's shop
la bouteille   bottle
la boutique   shop
le bracelet   bracelet
le bras   arm
brave   good, brave
briser   to break, smash
se bronzer   to tan, sunbathe
la brosse   brush
se brosser   to brush
le bruit   noise
le brouillard   fog
brun   brown
le bureau   office, writing-desk
le bus   bus

ça   this, that
cacher   to hide
le cadeau   present, gift
le café   coffee, café
le café-tabac   café selling stamps and
   tobacco
se calmer   to calm down
le (la) camarade   friend
le camion   lorry
la campagne   country, countryside
le Canada   Canada
le canapé   sofa
le canard   duck
le canif   pen-knife
la canne   walking-stick, cane
le capitaine   captain
le car   coach
la carafe   decanter, carafe
la caravane   caravan
caresser   to stroke, caress
la carotte   carrot
carré   square
la carte   map, card, menu
la carte postale   postcard
casser   to break
se casser   to break (parts of one's body)
causer   to chat, cause
la cave   cellar
ce   (m) (cet before vowel),
   cette (f), ces   this, these
ce ... là   that
ceci   this
cela   that

célèbre  famous
celui (m), ceux;
   celle (f), celles  this one, these
(un) cent  one hundred
une centaine  about a hundred
le centre  centre
   le centre-commercial  shopping centre
   le centre-ville  town centre
   au centre de  in the centre of
certain  certain, sure
certainement  certainly
la chaise  chair
la chambre  bedroom
le champ  field
   sur-le-champ  immediately
le champignon  mushroom
changer  to change
la chanson  song
chanter  to sing
le chanteur  singer
le chapeau  hat
chaque  each, every
charmant  charming
le chat  cat
le château  castle
chaud  hot
avoir chaud  to be hot
la chaussette  sock
la chaussure  shoe
chauve  bald
le chemin  way, path
la cheminée  chimney, fireplace
la chemise  shirt
le chemisier  blouse
cher (chère)  dear, expensive
chercher  to look for
le cheval  horse
les cheveux (m)  hair
chez  at someone's house, shop
le chien  dog
le chocolat  chocolate
choisir  to choose
la chose  thing
le chou  cabbage
chut!  ssh!
le ciel  sky
la cigarette  cigarette
le cinéma  cinema
cinq  five

cinquante  fifty
les ciseaux (m)  scissors
le citron  lemon
clair  light (of colour)
la classe  class
classique  classical
le client  customer
le coin  corner
   au coin de  at the corner of
le colis  parcel, packet
le collier  necklace
la colline  hill
combien?  how much, how many?
commander  to order (a meal)
comme  as, just as, like
commencer  to begin
comment?  how? what!
complet (complète)  full
compliqué  complicated
comprendre  to understand
compter  to count
le concert  concert
le (la) concierge  caretaker
le conducteur  driver
conduire  to drive, lead
la confiture  jam
confortable  comfortable
connaître  to know (places and people)
constamment  constantly
construire  to build
content  happy
continuer  to continue
le contrôleur  ticket-collector
le copain (la copine)  friend, mate
le corps  body
à côté de  next to, beside
se coucher  to go to bed
la couleur  colour
le couloir  corridor
couper  to cut
couramment  fluently
courir  to run
la course  race
   faire les courses  to do the shopping
court  short
le cousin (la cousine)  cousin
le coussin  cushion
le couteau  knife
le couvert  place setting (at the table)

la couverture  blanket
couvrir  to cover
craindre  to fear
la cravate  tie
le crayon  pencil
la crème  cream
crevé  burst, punctured
croire  to believe
le croissant  croissant (breakfast roll)
la croix  cross
la cuillère  spoon
cuire  to cook
la cuisine  kitchen
curieux (curieuse)  curious, odd
le cycliste  cyclist

d'abord  at first, first of all
la dame  lady
danser  to dance
dangereux (dangereuse)  dangerous
dans  in, into
la date  date
debout  standing
le début  beginning
décembre  December
décider  to decide
découvrir  to discover
dedans  inside
dehors  outside
déjà  already
déjeuner  to have breakfast or lunch
le déjeuner  lunch
délicat  delicate
délicieux (délicieuse)  delicious
demain  tomorrow
demander  to ask (for)
la demie  half
la dent  tooth
le dentiste  dentist
se dépêcher  to hurry
dépenser  to spend
depuis  since, for
  depuis combien de temps?  how long?
  depuis quand?  how long?
dernier (dernière)  last
derrière  behind
descendre  to go down, get something down

dessiner  to draw
le détective  detective
deux  two
deuxième  second
devant  in front (of)
devenir  to become
devoir  to have to
les devoirs  homework
Dieu  God
la différence  difference
différent  different
difficile  difficult
la difficulté  difficulty
dimanche  Sunday
dîner  to have dinner
le dîner  dinner
dire  to say, tell
le directeur  director
la discothèque  disco, record shop
discuter  to discuss
disparaître  to disappear
le disque  record
la distance  distance
distribuer  to distribute, deliver letters
dix  ten
une dizaine  about ten
le doigt  finger
le (la) domestique  servant
donc  therefore, so, then
donner  to give
dormir  to sleep
le dos  back
doucement  gently, quietly, softly
la douche  shower
une douzaine  dozen
doux (douce)  gentle, soft, sweet
le drapeau  flag
droit  straight
  tout droit  straight ahead
  à droite  to the right
drôle  funny, strange
dur  hard

l'eau  (f)  water
une écharpe  scarf
une école  school
un Écossais  a Scotsman
l'Écosse  (f)  Scotland
écouter  to listen (to)

écrire   to write
un écrivain   a writer
un effort   effort
égal   equal
une église   church
un(e) élève   pupil
elle   she, her
elles   they, them
une émission   programme
un emploi   job
un employé   employee
emprunter   to borrow
en   some, any
encore   again, still, yet
l'encre   (f)   ink
un endroit   place
un(e) enfant   child
enfin   finally, at last
un ennemi   enemy
ennuyé   bored
s'ennuyer   to be bored
ennuyeux (ennuyeuse)   boring
énorme   enormous
énormément   enormously
enseigner   to teach
ensemble   together
ensuite   then, afterwards
entendre   to hear
entre   between
une entrée   entrance
entrer   to enter, go in
une envie   wish, desire
   avoir envie de   to wish to
environ   about, approximately
envoyer   to send
épais (épaisse)   thick
une épaule   shoulder
une épice   spice
une épicerie   grocer's shop
un épicier   grocer
une équipe   team
un escalier   stairs, steps
espagnol   Spanish
espérer   to hope
essayer   to try
l'essence   (f)   petrol
essuyer   to dry, wipe
l'est   (m)   east
l'estomac   (m)   stomach

un étage   floor, storey
une étagère   shelf
les États-Unis   (m)   United States
l'été   (m)   summer
éteindre   to extinguish, put out, switch off
l'étoile   (f)   star
un étranger   stranger, foreigner
être   to be
étroit   narrow
l'étude   (f)   study
un étudiant   student
étudier   to study
eux   them
évidemment   obviously
un évier   sink
un examen   examination
excellent   excellent
une expérience   experience, experiment
exprès   on purpose
l'extérieur   (m)   outside
   à l'extérieur   outside
extrêmement   extremely

en face de   opposite
facile   easy
la façon   way, manner
le facteur   postman
faillir   to almost do something
la faim   hunger
   avoir faim   to be hungry
faire   to do, make
falloir   to have to do something
la farine   flour
le fauteuil   armchair
faux (fausse)   false
favori (favorite)   favourite
la femme   woman
la fenêtre   window
la ferme   farm
fermer   to close, shut
le fermier   farmer
la fête   festival, holiday
le feu   fire
les feux   traffic-lights
février   February
fier (fière)   proud
la fille   girl
le film   film
la fin   end

finalement  finally
finir  to finish
la fleur  flower
le fleuve  river
la foire  fair
la fois  time
foncé  dark (of colour)
le foot(ball)  football
la forêt  forest
fort  strong
la foule  crowd
la fourchette  fork
frais (fraîche)  fresh, cool, chilly
le franc  franc
français  French
la France  France
frapper  to knock, hit
fréquemment  frequently
le frère  brother
les frites  (f) chips
froid  cold
  avoir froid  to be cold
le fromage  cheese
le fruit  fruit
furieux (furieuse)  furious

gagner  to earn, win
le gant  glove
le garagiste  garage owner
le garçon  boy, waiter
la gare  station
le gâteau  cake
gauche  left
  à gauche  to the left
gelé  frozen
geler  to freeze
général  general
le général  general
généreux (généreuse)  generous
le genou  knee
les gens  people
gentil (gentille)  nice, kind
la glace  ice-cream, mirror, ice
glacial  freezing
la gomme  rubber
goûter  to taste
grand  big, tall
les grands-parents  grandparents
grave  serious

la Grèce  Greece
grimper  to climb
gris  grey
gros (grosse)  fat
ne ... guère  scarcely
le guichet  ticket window

s'habiller  to get dressed
habiter  to live (in)
la haie  hedge
le haricot  bean
la hâte  haste
  à la hâte  in a hurry
haut  high
hésiter  to hesitate
une heure  hour
  de bonne heure  early
  à l'heure  on time
  à tout à l'heure  see you later
heureusement  fortunately
heureux (heureuse)  happy
une histoire  story
l'hiver  (m) winter
la Hollande  Holland
un hôpital  hospital
une horloge  clock
un hôtel  hotel
une hôtesse de l'air  air hostess
l'huile  (f) oil
huit  eight

ici  here
une idée  idea
une image  picture
imaginer  to imagine
immédiatement  immediately
un incident  incident
l'Inde  (f) India
une industrie  industry
une infirmière  nurse
un ingénieur  engineer
inquiet (inquiète)  worried
insister  to insist
un instant  instant, moment
un instituteur (une institutrice)
  primary school teacher
intelligent  intelligent
l'intention  (f) intention
  avoir l'intention de  to intend to

intéressant  interesting
l'intérieur  (m)  inside, inland
  à l'intérieur  inside
international  international
interrompre  to interrupt
une invitation  invitation
inviter  to invite
l'Irlande  (f)  Ireland
l'Italie  (f)  Italy
italien  (italienne)  Italian

jamais  ever
  ne ... jamais  never
la jambe  leg
le jambon  ham
janvier  January
le Japon  Japan
le jardin  garden
jaune  yellow
jeter  to throw
le jeu  game
jeudi  Thursday
jeune  young
joli  pretty
jouer  to play
le jouet  toy
le joueur  player
  le joueur de football  footballer
le jour  day
  il fait jour  it's day, it's daylight,
  it's light
le journal  newspaper
le journaliste  journalist
la journée  day
juger  to judge
juillet  July
juin  June
la jupe  skirt

le kilo  kilogramme
le kilomètre  kilometre

là  there
là-bas  over there
le lac  lake
laid  ugly
laisser  to leave, let
le lait  milk
la lampe  lamp

lancer  to throw, hurl
le lapin  rabbit
large  wide
se laver  to get washed
léger  (légère)  light (in weight)
les légumes  (m)  vegetables
le lendemain  next day, the day after
lentement  slowly
lequel  (m),  lesquels;
  laquelle  (f),  lesquelles  which
  one(s)
la lettre  letter
leur  their
  le (la) leur, les leurs  theirs
se lever  to get up
la librairie  bookshop
libre  free
le lieu  place
  au lieu de  in place of, instead of
la limonade  lemonade
lire  to read
le lit  bed
le litre  litre
la livre  pound
le livre  book
loin  far
  loin de  far from, a long way from
Londres  London
long (longue)  long
  le long de  along
longtemps  a long time
lorsque  when
louer  to hire, rent
lourd  heavy
lui  him
la lumière  light
lundi  Monday
la lune  moon
les lunettes  (f)  glasses
le lycée  sixth-form college

la machine  machine
  la machine à laver  washing machine
Madame  Mrs
Mademoiselle  Miss
le magasin  shop
le magazine  magazine
maigre  thin
le maillot  swimming costume, jersey

la main  hand
maintenant  now
la mairie  town hall
la maison  house
mal  badly
  avoir mal  to have a pain
malade  ill
malheureux (malheureuse)  unhappy
malheureux  unhappy
manger  to eat
la manière  way, manner
manquer  to miss
le manteau  coat
le marchand  shopkeeper
le marché  market
marcher  to walk
mardi  Tuesday
le marin  sailor
marron  brown
mars  March
le marteau  hammer
le match  match, game
la matière  subject
le matin  morning
la matinée  morning
mauvais  bad
le mécanicien  mechanic
méchant  bad, naughty
mécontent  discontented, dissatisfied
le médecin  doctor
meilleur  better
même  even, same
  moi-même  myself; nous-
  mêmes  ourselves, etc.
mener  to lead
mentir  to lie
la mer  sea
merci  thank you
mercredi  Wednesday
la mère  mother
merveilleux (merveilleuse)  marvellous
le métal  metal
le mètre  metre
le métro  tube, underground
mettre  to put
les meubles  (m)  furniture
le Mexique  Mexico
midi  noon, midday
le mien  (m),  les miens; la
  mienne  (f),  les miennes  mine

mieux  better
milieu  middle
  au milieu de  in the middle of
des milliers  thousands
minuit  midnight
la minute  minute
moderne  modern
moi  me
moins  less
  moins ... que  less than
  de moins en moins  less and less
le mois  month
  au mois de  in the month of
le moment  moment
mon  (m),  ma  (f),  mes  my
le monde  world
Monsieur  Mr
le monsieur  man, gentleman
la montagne  mountain
monter  to go up, to climb up
la montre  watch
montrer  to show
le monument  monument
le morceau  piece
le mot  word
le moteur  engine
la moto(cyclette)  motor bike,
  motorcycle
le mouchoir  handkerchief
mouillé  wet
mourir  to die
le mouton  sheep
mûr  ripe
le mur  wall
le musée  museum
la musique  music
mystérieux (mystérieuse)  mysterious

nager  to swim
naître  to be born
la nappe  tablecloth
national  national
naturellement  naturally
la neige  snow
neiger  to snow
nettoyer  to clean
neuf (neuve)  new, brand new
neuf  nine
le neveu  nephew
le nez  nose

ne ... ni ... ni   neither ... nor
la nièce   niece
le Noël   Christmas
   à Noël   at Christmas
noir   black
   il fait noir   it's dark
le nom   name
le nombre   number
   un nombre de   a number of
le nord   north
notre (nos)   our
le (la) nôtre, les nôtres   ours
la nourriture   food
nous   we, us
nouveau (m) (nouvel before vowel),
   nouveaux; nouvelle (f),
   nouvelles   new
novembre   November
la nuit   night
   il fait nuit   it's night
le numéro de téléphone   phone
   number

obéir   to obey
obligé   obliged, forced to
obtenir   to obtain
une occasion   occasion
   avoir l'occasion de   to have the
   opportunity to
octobre   October
une odeur   smell
un œil   eye
un œuf   egg
offrir   to offer, to give a present
un oignon   onion
un oiseau   bird
l'ombre (f)   shadow, shade
   à l'ombre de   in the shade of
une omelette   omelette
on   people, they, one, someone
un oncle   uncle
onze   eleven
une orange   orange
une orangeade   orangeade
une oreille   ear
organiser   to organize
oser   to dare
ou   or

où   where
   d'où   from where
oublier   to forget
l'ouest (m)   west
un ouvrier   workman
ouvrir   to open

le pain   bread
   les petits pains   rolls
la paire   pair
le palais   palace
le panier   basket
le pantalon   trousers
les pantoufles (f)   slippers
papa   father
le papier   paper
Pâques (f)   Easter
   à Pâques   at Easter
le paquet   packet
par   by, through
   par un beau jour   on a nice day
le parapluie   umbrella
le parc   park
parce que   because
le pardessus   overcoat
les parents   parents, relatives
paresseux (paresseuse)   lazy
parfaitement   perfectly
parfois   sometimes, occasionally
le parking   car park
parler   to speak, talk
parmi   among
partir   to leave, depart
partout   everywhere
le passager   passenger
le passant   passer-by
le passeport   passport
passer   to pass, go by, spend (time)
le passe-temps   hobby
le pâtissier   pastry cook
le patron   boss, owner
pauvre   poor
payer   to pay (for)
les Pays-Bas (m)   the Netherlands
le pays de Galles (m)   Wales
la pêche   fishing
pêcher   to fish
le pêcheur   fisherman
la pelle   shovel

pendant   during
  pendant que   while, whilst
penser   to think
le père   father
  le Père Noël   Father Christmas
perdre   to lose
permettre   to allow, permit
la permission   permission
  avoir la permission de   to have the
  permission to
la personne   person
  ne ... personne   nobody, no one
petit   small
les petits pois   (m)   peas
peu   little, few
  peu à peu   little by little
  un peu   a little, a few
la peur   fear
  avoir peur de   to be afraid
le pharmacien   chemist
le photographe   photographer
la photo(graphie)   photograph
la phrase   sentence
le pied   foot
le piéton   pedestrian
pire   worse
la piscine   swimming baths, pool
le pistolet   pistol
la plage   beach
plaire   to please
le plan de la ville   street map
le plancher   floor
le plateau   tray
plein   full
  en plein air   in the open air
pleurer   to cry
pleuvoir   to rain
la pluie   rain
la plupart   most
plus   more
  de plus en plus   more and more
  ne ... plus   no longer, no more
  plus ou moins   more or less
  plus ... que   more ... than
plusieurs   several
pluvieux (pluvieuse)   rainy, wet
le pneu   tyre
la poche   pocket
le poème   poem
être sur le point de   to be about to

la poire   pear
le poisson   fish
  le poisson rouge   goldfish
la poitrine   chest
la police   police
  le poste de police   police station
poliment   politely
la politique   politics
la pomme   apple
la pomme de terre   potato
les pompiers   (m)   firemen
le port   port
la porte   door
porter   to carry, wear
poser   to place, put (down)
possible   possible
le potage   soup
la poubelle   dustbin
la poule   hen
la poupée   doll
pour   for, in order to
pourquoi?   why?
pousser   to push
pouvoir   to be able
précis   precisely, exactly
préférer   to prefer
premier (première)   first
premièrement   firstly, first of all
prendre   to take, to catch (transport)
près   near
  près de   near to
à présent   now
le président   president
pressé   in a hurry
presque   nearly, almost
prêter   to lend
le prêtre   priest
le principal   headmaster
le printemps   spring
le prix   price, prize
le problème   problem
prochain   next
le professeur   teacher
le programme   programme
le projet   plan
la promenade   walk
se promener   to go for a walk
promettre   to promise
prononcer   to pronounce
propre   clean, own

les provisions (f) groceries, shopping
prudent careful
puis then, next
le pull(over) pullover
punir to punish

le quai platform, quay
quand when
quarante forty
le quart quarter
quatre four
quatre-vingt-dix ninety
quatre-vingts eighty
que which, that
que? what?
  ne ... que only
qu'est-ce que? what?
quel (m), quels; quelle (f),
  quelles? which?
quelque some
  quelque temps some time
quelquefois sometimes
quelqu'un somebody, someone
la question question
qui who
qui est-ce qui? who?
quitter to leave
quoi? what?

raconter to tell (a story)
la radio radio
la raison reason
  avoir raison to be right
ramasser to pick up
rapide rapid, fast
rapidement quickly
recevoir to receive
la récréation break
regarder to look at, watch
la région region
une règle ruler
regretter to regret, to be sorry
remercier to thank
remplir to fill
rendre to give back
se rendre to give oneself up
la rentrée beginning of term
rentrer to go/come home, go back
réparer to repair

le repas meal
répéter to repeat
répondre to answer, reply
la réponse answer, reply
le reporter reporter
se reposer to rest
réserver to reserve, book
le restaurant restaurant
rester to stay, remain
en retard late
le retour return
retourner to return, go back
la réunion meeting
réussir to succeed
se réveiller to wake up
revenir to come back
le rez-de-chaussée ground floor
un rhume cold
riche rich
le rideau curtain
ne ... rien nothing
rire to laugh
risquer to risk
la rivière river
la robe dress
le roi king
rompre to break
rond round
rose pink
rouge red
rougir to blush
la route road, way
la rue street
le ruisseau stream
russe Russian

le sable sand
le sac sack, bag
sage well-behaved, wise
saisir to grab, seize
la saison season
sale dirty
la salle room
la salle de bain bathroom
le salon sitting room, lounge
samedi Saturday
le sandwich sandwich
sans without
une sardine sardine

la saucisse   sausage
sauter   to jump
savoir   to know (a fact, that)
le savon   soap
la seconde   second
secret (secrète)   secret
la secrétaire   secretary
secrètement   secretly
seize   sixteen
la semaine   week
sentir   to feel
sept   seven
septembre   September
sérieux (sérieuse)   serious
la serveuse   waitress
la serviette   napkin, towel, briefcase
servir   to serve
seul   alone
seulement   only
si   if, yes
   ne .... si   not .... as
le sien (m), les siens;
   la sienne (f), les siennes   his, hers
la situation   situation
situé   located, situated
le ski   skiing
   faire du ski   to go skiing
social   social
la soeur   sister
la soif   thirst
   avoir soif   to be thirsty
soigneusement   carefully
le soin   care
le soir   evening, night
la soirée   evening
soixante   sixty
soixante-dix   seventy
le soldat   soldier
le soleil   sun
   il fait du soleil   it's sunny
la solution   solution
le sommeil   sleep
   avoir sommeil   to be sleepy
le sommet   top, summit
   au sommet de   on top of
son (m), sa (f), ses   his, her, its
songer   to dream
sonner   to ring
la sorte   kind, type, sort

la sortie   exit
sortir   to go out
le souci   care
soudain   sudden, suddenly
le soulier   shoe
sourire   to smile
sous   under
le souvenir   memory, souvenir
souvent   often
spécial   special
le spectateur   spectator
le sport   sport
sportif (sportive)   sporting
le stade   stadium
la station-service   service station, garage
le stylo   pen
le sucre   sugar
le sud   south
la Suisse   Switzerland
suivre   to follow
le supermarché   supermarket
sur   on, onto
sûrement   surely
surpris   surprised
surveiller   to supervise, watch over

la table   table
le tabouret   stool
se taire   to be silent, shut up
tant   so much, so many
la tante   aunt
taper   to type
le tapis   carpet
tard   late
la tarte   tart, pie
la tartine   slice of bread and butter
la tasse   cup
le télégramme   telegram
le téléphone   telephone
téléphoner   to phone
la télévision   television
le temps   time, weather
   de temps en temps   from time to time
tenir   to hold
la terre   earth, ground, land
   par terre   on the ground, floor
la tête   head
le thé   tea
le théâtre   theatre

le tien (m), les tiens;
la tienne (f), les tiennes yours
le timbre stamp
timide timid
le tigre tiger
le tiroir drawer
toi you
le toit roof
tomber to fall
ton (m), ta (f), tes your
le tonnerre thunder
le torchon cloth
avoir tort to be wrong
tôt early
toujours always
le (la) touriste tourist
le tourne-disques record player
tourner to turn
tout (m), tous;
toute (f), toutes all, every
tout everything
tout à fait entirely
tout d'un coup suddenly
tout de suite immediately
en toute hâte with all speed
à toute vitesse at top speed
tous les jours every day
le tracteur tractor
traduire to translate
le train train
le travail work
travailler to work
traverser to cross
trente thirty
une trentaine about thirty
très very
le tricot sweater
le trimestre term
triste sad
trois three
troisième third
trop too much
le trottoir pavement
trouver to find
se trouver to be located, situated

une usine factory
utile useful
utiliser to use

les vacances (f) holiday(s)
la vache cow
la vaisselle washing-up
faire la vaisselle to do the washing-up
la valise case, suitcase
le vase vase
la vedette star (person)
la vedette de cinéma film star
la veille day or evening before, eve
le vélo bicycle, bike
le vélomoteur lightweight motor bike
le vendeur (la vendeuse) sales assistant
vendre to sell
vendredi Friday
venir to come
le vent wind
le ventre stomach
le verre glass
vers towards
vert green
la veste jacket
le vestibule entry hall
les vêtements (m) clothes
la viande meat
vide empty
le vieillard old man
vieux (m) (vieil before vowel), vieux;
vieille (f), vieilles old
vif (vive) lively
le village village
la ville city, town
en ville in town
le vin wine
vingt twenty
une vingtaine about twenty
le visage face
la visite visit
vite fast, quickly
la vitesse speed
la vitrine shop window
vivre to live
voici here is, here are
voilà there is, there are
voir to see
voisin neighbouring
le voisin neighbour
la voiture car
la voix voice

voler  to steal, fly
le voleur  thief
volontiers  willingly
votre (vos)  your
le (la) vôtre, les vôtres  yours
vouloir  to want, wish
vous  you
le voyage  trip, journey

voyager  to travel
vrai  true
vraiment  truly

le week-end  week-end

les yeux  (m)  eyes